원어민처럼 생각하게 되는

엉클잭의 쇼킹한 영문법

원어민처럼 생각하게 되는
엉클잭의 쇼킹한 영문법

초판 2쇄 발행 2022년 8월 1일

지은이 주경일
펴낸곳 (주)에스제이더블유인터내셔널
펴낸이 양홍걸 이시원

홈페이지 www.siwonschool.com
주소 서울시 영등포구 국회대로74길 12 남중빌딩 시원스쿨
교재 구입 문의 02)2014-8151
고객센터 02)6409-0878

ISBN 979-11-6150-614-2
Number 1-010101-17171708-04

원어민처럼 생각하게 되는

엉클잭의 쇼킹한 영문법

주경일(엉클잭) 지음

S 시원스쿨닷컴

머리말

'영어를 익히는데 영문법은 꼭 필요한 것일까?'

이 질문에 대해 소위 전문가들조차 서로 상반된 대답을 하며 여러 가지 근거를 내세웁니다.

하지만, 비영어권 국가에 살고 있으면서 이미 소년기를 넘었다면 영문법 공부는 단언컨대 꼭 필요합니다. 심오한 영문법 연구를 말하는 것이 아니라 정확한 의사소통을 위해 기본적인 어법 지식의 장착은 필수라는 것입니다. 어법은 인간이 만들어 낸 사회적인 약속이기 때문에 누구나 이해할 수 있는 규칙으로 이루어져 있습니다. 어법으로 바닥을 다지지 않으면 높고 튼튼한 영어의 건물을 세울 수가 없답니다. 맨몸으로 무작정 오지를 탐험할 것이 아니라, 정글에 갇혀 헤매지 않도록 지도와 나침반을 챙겨 가야 합니다. 영문법은 나침반과 같은 존재이며 이 책은 그런 지도책 중의 하나라고 할 수 있습니다.

하지만, 영문법을 공부하다 보면 영어가 싫어지는 두 개의 지점을 필연적으로 만나게 되지요. 그 중 하나는 영어가 암기과목으로 느껴지는 순간이며, 나머지 하나는 '문법상 예외'라는 설명을 접할 때일 것입니다. 사실 이것은 별개의 문제가 아니라 모두 '이해'를 통해 해결할 수 있는 하나의 현상일 뿐입니다. 암기가 어느 정도 필요하다는 사실은 부인하지 않겠습니다. 하지만 이는 충분히 이해를 한 후라 할지라도 즉각적인 활용의 차원에서 봤을 때 암기가 상대적으로 효과적인 경우에 한해 추천하는 것일 뿐, 결국 이해를 바탕으로 극복할 수 있는 부분입니다.

그리고 '문법상 예외'라는 표현은 설명이 막힐 때 적절한 구실로 종종 애용되고 있지요. 하지만, 문법의 원리를 이해하고 나아가 그 유래를 찾아보면 그 예외조차 상당한 이유와 나름의 원리에 의해 작동하고 있음을 알게 됩니다. 이 부분은 학자나 코치의 몫으로 볼 수도 있겠으나 이 역시도 학습자의 입장에서도 충분히 흥미를 느낄 수 있는 이해의 영역이랍니다.

　　이 책은 기본적인 문법책의 모양새를 가지고 있고 영문법의 핵심은 모두 다루고 있습니다. 여기에 오랜 기간 교육현장에서 학생들에게 쉽게 영문법을 이해시키고자 연구하고 노력했던 필자의 경험과 지식을 담았습니다.

　　이 책의 목적은, 알고 보면 그다지 어렵지도 않은 영문법의 쇼킹한 실체를 폭로하고, 독자들로 하여금 보다 가벼운 마음과 자신감으로 영어를 대할 수 있도록 하는 것입니다.

　　암기를 하면 외워 둔 것을 꺼내어 쓸 수 있지만, 이해를 하면 창의적인 조합으로 말을 만들어 낼 수 있습니다. 어법을 알면 그 조합을 자신 있게 만들어 낼 수 있답니다. 이 책을 통하여 어떤 문장도 자신 있게 만들어 낼 수 있는 능력을 가질 수 있게 되시기를 기원합니다.

　　　　　　　　　　　　　　　　　　　　　　　　　　　　주경일

이 책의 구성

본격 학습 전, 많은 분들이 영문법에 대해 갖고 있던 궁금증을 비롯하여 배우게 될 내용을 먼저 확인할 수 있습니다.

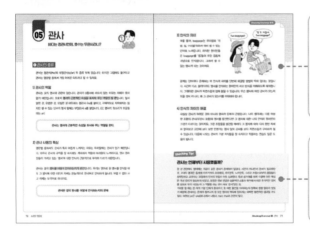

영문법의 원리, 규칙에 대한 설명을 명쾌하게 제시합니다. 또한 실용적이고 재미있는 예문으로 한층 더 쉽게 이해할 수 있습니다.

추가 설명이 필요한 부분, 많은 학습자가 궁금해했던 내용, 영문법의 유래 등을 Shocking Tip으로 담았습니다.

배운 내용을 잘 이해했는지 Review Exercise를 통해 확인할 수 있습니다.

이렇게 공부하시길 추천합니다.

 **Jack's Tip!**

01 **처음부터 천천히 읽어보세요.**

영문법의 유래, 원리, 규칙들을 원어민의 시각에서 이해하실 수 있도록 설명하였습니다. 처음부터 끝까지 이야기를 읽듯이 읽어 보시면 좋습니다.

02 **예문으로 이해하기**

우리는 결국 어떤 문장이든 자신 있게 쓰고, 말하고자 문법을 공부하는 것이지요. 각 문법들을 잘 이해할 수 있도록 쓰인 실용적인 예문들도 함께 익혀보세요.

03 **복습 문제로 점검하기**

Review Exercise를 통해 잘 이해했는지 확인해 보세요. 아직 부족하다면 본문 내용을 다시 한번 복습해 보시길 바랍니다.

04 **한 번에 이해가 안 되더라도 다음으로 넘어가세요.**

혹시 잘 이해가 되지 않더라도, 조급해하지 마시고 다음으로 넘어가세요. 문법은 유기적으로 연결되어 있기 때문에 앞서 이해가 안 갔던 것도 뒤 내용을 읽으면서 자연스럽게 이해가 될 수 있습니다.

05 **문법을 적용하여 다양한 문장을 만들어 보세요.**

마지막까지 마무리하셨다면, 이제 자신감을 갖고 영어를 대할 수 있을 것입니다. 배운 문법을 활용하여 다양한 문장을 만드는 연습을 꾸준히 해보세요.

목차

미리 알면 도움 되는 문법 용어

품사 비슷한 종류의 단어들끼리 묶은 것(= 단어의 종류)

8품사 문장을 이루는 단어의 종류를 8개로 나눈 것

(명사, 동사, 형용사, 부사, 접속사, 대명사, 감탄사, 전치사)

명사 이름을 가진 모든 단어(사람, 사물, 장소 등의 명칭)

대명사 명사를 대신해서 쓰는 말

동사 사람이나 사물의 동작이나 상태를 나타내는 말

형용사 명사의 특징이나 상태를 묘사해주는 말

부사 동사, 형용사, 부사, 문장 전체를 꾸며주는 말

전치사 명사나 대명사 앞에 써서, 시간/장소/방향 등을 나타내는 말

접속사 단어와 단어, 구와 구, 절과 절을 이어주는 말

감탄사 감정을 나타내는 말

문장 성분 문장을 이루는 구성 요소 (주어, 동사, 목적어, 보어)

주어 말의 '주인'에 해당하며, 어떤 행동이나 상태의 주체가 되는 말

동사 주어의 행동이나 상태, 성질 등을 나타내는 문장 의미의 핵심

목적어 주어가 하는 행동의 영향을 받는 대상

직접목적어 주어가 하는 어떤 행동에 직접적으로 영향을 받는 대상

간접목적어 직접목적어가 대상으로 삼는 존재 (주로 '~에게'로 해석)

보어 주어와 동사만으로는 의미가 불완전한 문장의 의미를 보충해주는 말

주격보어 주어의 상태를 보충 설명해주는 말

목적격보어 목적어의 상태를 보충 설명해주는 말

01

영어 문장의
구성 요소들

01 영어 문장의 구성 요소들

어법과 친해지려면 용어부터 제대로 이해하자!

게임에 규칙이 없다면 정상적인 진행을 기대하기 어렵겠지요? 언어에도 규칙이 없다면 정상적인 소통을 할 수가 없습니다. 문장 만들기의 규칙을 '문법' 또는 '어법'이라고 하며, 영어의 문법은 우리말의 그것과는 차이가 있기 때문에 정확한 영어를 구사하기 위해서는 이를 제대로 익혀야 할 필요가 있습니다. 하나의 언어를 분석해서 비슷한 형태와 규칙들끼리 한데 모아 각각 이름을 붙이고 그 내용을 자세히 설명한 것이 문법입니다. 각각의 이름은 문법 용어이고요. 그래서 보다 효율적이고 체계적인 문법의 이해를 위해 용어의 이해는 반드시 필요합니다. 일단 한번 용어에 익숙해지면 문법 설명을 이해하기가 훨씬 수월해집니다.

> 용어는 의사소통을 위한 상호 간의 약속

기본적으로 알고 시작해야 하는 필수 용어들?

문법책의 첫 장부터 마지막까지 계속해서 출몰하는 용어라면 반드시 알아야 하겠지요. '품사, 주어, 동사, 목적어, 보어, 부사, 구, 절'이 바로 그 용어들에 해당합니다. 기본 중의 기본이라고 할 수 있지요. 또한, 문법 용어는 한자로 이루어져 있어서 막연히 어렵게 느껴질 수도 있겠지만 내용을 함축적으로 담고 있기 때문에 이해하는 데 큰 도움이 됩니다. 하지만 한자를 몰라도 용어의 영어 명칭을 살펴보면 기본적인 개념을 쉽게 파악할 수 있답니다. 영문법의 기본 용어부터 하나씩 알아보도록 할까요?

> 기본 용어: 품사, 주어, 동사, 목적어, 보어, 부사, 구, 절

❶ 품사 (part of speech)

1) 품사의 의미

품사는 단어의 종류를 의미합니다. '품'이라는 말은 비슷한 물건들끼리 묶어 모아 둔 모양

새를 말합니다. 마찬가지로 단어들을 비슷한 종류들끼리 묶었기 때문에 '품사'라고 하지요. 품사가 중요한 이유는 품사별로 문장 내에서의 역할이 각각 정해져 있기 때문이에요. 언어별로 다소 차이가 있는데 영어는 단어를 8가지 품사로 나누고 있답니다.

> 8품사: 명사, 동사, 형용사, 부사, 접속사, 대명사, 감탄사, 전치사

2) 8품사

영어의 8품사는 '**명동** 사는 **형부**가 **접대 감전**'으로 연상하면 오래 기억할 수 있어요. 이중에서도 명동형부는 특히나 중요합니다. 그 이유는 문장 내에서 주어, 동사, 목적어 등 핵심적인 역할을 담당하고 있기 때문이죠. 각 품사별 세부 내용은 [제2장 품사의 이해]편에서 따로 설명드립니다. 앞으로 '단어'라고 하면 위 8가지 품사를 의미한다는 것, 꼭 기억해 두세요!

> '품사'는 그냥 '단어의 종류'란 뜻

Shocking Tip!

'관사'는 어째서 8품사에 포함되지 않을까?

'단어'를 긴 문장의 반대 개념인 짧은 어휘 정도로 알고 있는 사람들이 많다. 단어의 '단'자는 짧을 '단'자가 아니다. 홑 '단(單)'. 즉, 단독으로 온전한 의미를 가진 하나의 낱말을 의미한다. '관사'는 단독으로 사용되지 못하고 오로지 명사 때문에 존재할 뿐이다. 그렇기 때문에 관사를 단독으로 사용이 가능한 '단어의 종류(품사)'가 아니라고 보는 것이다.

❷ 주어 (subject)

1) 주어의 위치

비문이나 감탄문을 제외하고는 동사가 없이 완결된 문장은 없어요. 그 동사를 행하는 당사자를 '주어'라고 하지요. 글자 그대로 말의 '주인'에 해당하는 단어랍니다. 문법 설명에서

는 주어(Subject)의 이니셜을 이용해서 간단히 S로 표현합니다.

우리말은 주어가 생략되는 경우가 많습니다. '사랑해'라는 동사 한마디로도 충분하니까요. 반면에, 영어는 주어를 거의 생략하지 않아요. 주어가 없는 문장은 명령문, 감탄문 정도입니다. 특히 명령문은 어차피 명령을 듣는 사람이 You밖에 없기 때문에 굳이 밝힐 필요도 없지요. 그리고 영어는 기본적으로 주어를 문장의 맨 앞에 둡니다. 주어가 동사 뒤로 가게 되면 그 문장은 의문문으로 바뀔 만큼 주어의 자리는 중요합니다.

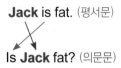

Jack is fat. (평서문)

Is **Jack** fat? (의문문)

> 영어는 주어가 앞에 온다.
> 그렇지 않다면 그것은 특별한 문장이다.

2) 주어의 자격

주어는 문장의 주인이기 때문에 아무 품사나 탐낼 수 있는 자리가 아니랍니다. 품사 중에 오직 '명사'만이 주어가 될 수 있지요. 물론 대명사는 가능합니다. 대명사는 명사나 명사에 상당하는 어구를 대신하는 품사이니까요.

> 품사 중에 명사(대명사 포함)만이 주어가 될 수 있다!

'명사 상당어구'는 무슨 뜻?

원래는 명사가 아니지만 명사처럼 보이도록 변형되거나, 혹은 둘 이상의 단어가 결합하여 명사구나 명사절을 이루는 것들을 의미한다. 예를 들어, 부정사 to eat이나 동명사 eating은 어법상 명사만이 가능한 위치에 들어가기 위해 동사 eat을 변형한 형태이다. 즉, 명사만이 가능한 주어, 목적어, 보어의 자리에 들어갈 수 있다는 것이다. to부정사의 명사적 용법이나 동명사, 명사구, 명사절 등 명사와 같은 역할을 하는 단어나 단어들의 묶음을 명사 상당어구라 한다.

❸ 동사 (verb)

1) 동사의 역할

앞서 말한대로 거의 모든 문장에는 동사가 들어갑니다. 동사는 말하고자 하는 본론에 해당하는 부분이라 의미의 핵심이라고 할 수 있어요. 즉, 주어의 행동이나 상태, 성질 등을 나타내기도 하고, 뒤에 나오는 목적어, 혹은 보어를 이어주는 역할을 하는 요소랍니다.

그러다 보니 동사는 기본적으로 주어의 뒷자리에 위치합니다. 동사의 자리에 올 수 있는 품사는 동사밖에 없어요. 그래서 품사의 명칭도 동사이고, 문장 성분으로서의 명칭 역시 동사라고 합니다. 설명할 때는 동사(Verb)의 영문 이니셜인 V로 표기합니다.

> 동사는 주어와 목적어, 주어와 보어를 연결해 준다.

2) 동사의 개수

문장의 의미를 결정짓는 동사는 한 문장 내에서 몇 개까지 사용이 가능할까요?

What doesn't kill you makes you stronger.
당신을 죽이지 않는 것이 당신을 더 강하게 만든다. (아픈 만큼 성숙해진다)

위 문장은 니체의 유명한 경구에서 비롯되었고, 또한 Kelly Clarkson의 'Stronger'라는 노래의 가사로도 유명한 문장입니다. 동사로 보이는 단어는 kill, make 2개입니다. 하지만 하나의 문장으로 본다면 동사는 한 개만 와야 합니다. 여기에서 주인공 역할의 본동사는 과연 무엇일까요? 바로 make입니다.

동사
What doesn't <u>kill</u> you. (단문) + (주어) 동사 **<u>makes</u> you stronger.** (단문)

→ **What doesn't kill you makes you stronger.** (복문)

사실 위 문장은 'What doesn't kill you.'라는 단독 문장과 이 문장을 통째로 주어로 사용한 '(주어) makes you stronger.'라는 단독 문장이 합해진 **복문** 구조입니다. 즉, 두 개의 문장이기 때문에 일단 동사 두 개가 보이게 됩니다. 하지만 동사 kill이 들어있는 문장 전체가 주어 역할을 하는 명사절이기 때문에 본동사는 make가 되는 것이지요. 접속사를 이용한 경우를 제외하고는 한 개의 동사가 원칙입니다.

> 하나의 단독 문장 내에서 동사는 한 개만 올 수 있다.

Shocking Tip!

명사가 동사가 될 수 있다고?

영어는 어순의 언어이기 때문에 순서에 따라 자리가 정해져 있다. 그렇기 때문에 동사의 자리에 명사가 떡하니 온다고 할 지라도, 만약 동사의 느낌이 충분히 전달된다면 얼마든지 동사로 사용할 수 있다. 예를 들어 book은 '책'의 의미를 가진 명사이지만 동사의 자리에 사용되면서 '책 속에 적어 놓다'는 의미가 되었고 이후에 '예약하다, 기록하다'라는 뜻을 가진 완벽한 동사의 의미도 가지게 되었다. 이처럼 동사의 뜻으로 사용하는 보통명사도 이미 수없이 많지만 'Google'같은 고유명사가 동사 google(검색하다)로 사용되는 사례 또한 점점 늘어나고 있는 추세이다.

You have no idea? Just google it!
잘 모르겠다고? 검색해 봐!

Google verbalization!
verbalization을 검색해 봐!

❹ 목적어 (object)

1) 목적어 2종류

주어가 어떤 행동을 취했을 때 그 행동의 영향을 받는다면 그것을 '목적어'라고 합니다. 목적어는 Object의 이니셜인 O 로 표현하는데, 동사의 행위를 직접 받으면 DO(Direct Object 직접목적어)로 표현하고, 간접적으로 받는다면 IO(Indirect Object 간접목적어)로 표현합니다. 간접목적어는 주로 '~에게'로 해석되고, 직접목적어가 대상으로 삼는 존재에 해당합니다. 즉, 직접목적어가 향하는 목적지라고 할 수 있지요.

Mike gave a ring to her. (her는 전치사 to의 목적어)
　S　　 V 　　O

Mike gave her a ring. (her는 간접목적어)
　S　　 V 　IO 　DO

Mike(는) 줬다 그녀(에게) 반지(를)
명사　 동사　 명사 　　명사

> '간접목적어'란 직접목적어가 대상으로 삼는 존재

2) 목적어의 자격

직접, 간접을 막론하고 목적어 자리에는 반드시 **'명사'** 혹은 **'명사 상당어구'**만이 올 수 있어요.

❺ 보어 [complement]

1) 보어의 역할

주어와 동사만으로는 의미가 불완전한 문장들이 있어요. 그럴 땐 <mark>의미가 완전해질 수 있도록 보충해주는 요소</mark>가 필요한데요, 그것을 '보어'라고 합니다.

주어의 상태를 보충 설명해 준다면 '주격보어(Subjective Complement)'라고 하고, 목적어의 상태를 보충 설명해 준다면 '목적격보어(Objective Complement)'라고 하지요. 각각 SC, OC로 줄여서 표현합니다. 보어의 위치는 주로 동사 다음이며, 목적격보어일 경우엔 목적어 다음에 옵니다. <mark>보어가 될 수 있는 품사는 명사, 대명사, 그리고 형용사입니다.</mark> 단, <mark>5형식 문장에서는 동사도 부정사의 형태로 보어 자리에 올 수가 있어요.</mark>

2) 보어의 종류

① 주격보어 (subjective complement)

<u>He</u> <u>is</u> <u>a student</u>. 그는 학생이다.
 S   V   SC

→ 주격보어로 명사가 사용된 경우

He = a student

<u>She</u> <u>is</u> <u>beautiful</u>. 그녀는 아름다워.
 S   V   SC

→ 주격보어로 형용사가 사용된 경우

She = beautiful

주격보어의 문장은 주로 위 예문과 같은 2형식이며 동사는 be, become, seem, look 등 주어의 상태를 나타내 주는 동사들이 주로 사용됩니다.

Tom **looks** tired. Tom은 피곤해 보인다.
→ 주어와 주격보어의 관계를 시각으로 연결

This tea **smells** good. 이 차는 냄새가 좋다.
→ 주어와 주격보어의 관계를 후각으로 연결

This silk shirt **feels** soft. 이 실크 셔츠는 촉감이 부드러워.
→ 주어와 주격보어의 관계를 촉각으로 연결

② **목적격보어** (objective complement)

She made me a doctor. 그녀는 나를 의사로 만들었다.
S   V   O   OC
→ 목적격보어로 명사가 사용된 경우
me = a doctor

She made me happy. 그녀는 나를 행복하게 만들었다.
S   V   O   OC
→ 목적격보어로 형용사가 사용된 경우
me = happy

위 두 예문에서 보듯 목적어와 목적격보어는 동일한 관계입니다. 목적어인 내가 의사가 된 것이며, 목적어인 내가 행복한 것입니다. 하지만 같은 어순에 같은 품사가 자리하고 있다 해도 아래의 예문과 같이 목적어와 목적격보어 간에 동일한 관계가 성립하지 않는다면 보어가 아닐 수 있으니 잘 보고 판단해야 합니다.

She made me a cake. 그녀는 나에게 케이크를 만들어 주었다.
S   V   IO   DO
→ 목적격보어가 아닌 경우(4형식 문장)
me ≠ a cake

❻ 부사 (adverb)

1) 부사의 지위

부사는 이름에서 그 역할을 짐작할 수 있답니다. 부사의 '부'자는 부사장, 부반장, 부대표 등에 들어있는 것과 같아요. 그들은 리더를 보좌하지만 꼭 있어야만 하는 존재는 아니라고도 볼 수 있지요. 물론 여러 가지 일도 많이 하고 결정적인 역할을 할 때도 많이 있지만 문장을 구성하는데 필수적인 품사가 아니라는 것입니다. 이런 맥락으로 부사의 자리를 인식하면 수월해집니다. 부사 또한 많은 역할을 하면서도 5형식으로 분류하는 <mark>문장 구성의 필수 성분에는 해당되지 않는다</mark>는 것입니다.

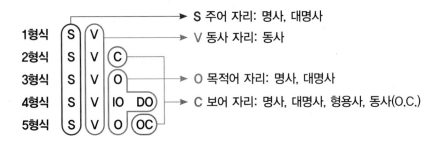

어디에도 부사만을 위한 자리는 없다...

2) 부사의 역할

비록 부사는 문장의 필수 성분은 아니지만, 동사와 형용사의 상태를 좀 더 구체적이고 분명하게 나타내 주는 역할을 담당하고 있어요. 게다가 문장 전체의 의미를 보다 명료하게 해 주기도 하고, 다른 부사의 상태도 더욱 선명하게 느껴지도록 돕기도 합니다. 이렇게 열일 하는 부사이지만 비록 <mark>빠진다 해도 문장의 기본 골격은 여전히 유지되기</mark> 때문에 '부사'라는 자원봉사직 같은 이름을 달게 된 것이지요.

부사(fast): 동사 run의 상태를 더욱 구체적으로 묘사해 줌

Elephants can run very fast. 코끼리는 매우 빨리 달릴 수 있다.

부사(very): 부사 fast의 상태를 더욱 구체적으로 묘사해 줌

Elephants can run. 코끼리는 달릴 수 있다.
부사가 빠져도 문법적으로 옳은 문장임

3) 부사의 위치

부사는 동사와 형용사, 다른 부사를 꾸며줍니다. 부사의 위치는 따로 정해져 있지 않고, 주로 꾸미고자 하는 단어의 앞이나 뒤에 위치합니다.

Jack never gets angry. (동사 앞)

Jack은 결코 화를 내지 않아.

I'm often sad. (동사 뒤 / 형용사 앞)

난 종종 슬퍼.

I will always be there for you. (조동사와 본동사 사이)

난 항상 네 곁에 있을 거야.

부사가 무엇을 수식하는지에 따라 어감의 차이는 존재할 수 있어요.

The kingpin died happily.

그 두목은 행복하게 죽었다.

Happily, the kingpin died.

행복하게도, 그 두목은 죽었다.

4) 부사와 명사는 상극

부사와 명사는 전혀 친하지 않아요. 절대로 함께 두지 마세요.

I'm living a happily life. (X)

(부사가 명사를 수식 못함)

→ **I'm living a happy life. (O)**

나는 행복하게 살고 있다.

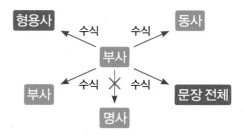

5) 부사의 아이러니

있던 부사가 사라진다 해도 문법의 구조상으로는 문제가 없다고는 했지만 그렇지 않은 경우의 문장구조도 분명히 존재합니다. 기존의 5형식 문장구조로는 설명이 되지 않는 **필수 (?)적인 부사구로서의 존재감**을 가지고 있기도 하지요.

부사구
I put the money **in the bank**. 나는 그 돈을 은행에 넣었다.

I put the money. (**X**) (부사구가 없어 정보 전달 불가)

부사구 in the bank를 삭제하면 의미 전달이 되지 않아 문장의 완결성 또한 무너지지요.

6) 부사, 부사구, 부사절

품사로서의 부사는 부사의 의미를 가진 독립된 하나의 단어를 말합니다. 문장 성분으로서의 부사는 문장 내에서 부사의 기능을 하는 단어를 말합니다. 복수의 단어로 이루어져 부사의 기능을 하는 경우에는 '부사구', 그것이 문장인 경우에는 '부사절'이라고 합니다.

① 부사

slowly, loudly, usually, always, seldom… → 부사

명사를 수식하는 fast는 형용사

형용사   부사

I like to **eat fast** food **fast**.

동사를 수식하는 fast는 부사

나는 패스트푸드를 빨리 먹는 것을 좋아한다.

부사
I donated blood for free **yesterday**.

나는 어제 무료로 헌혈을 했다.

② 부사구

이유를 나타내는 부사구
I'm happy **to meet you**.

당신을 만나게 되어서 기쁩니다.

③ 부사절

조건을 나타내는 부사절
If you don't want to see me again,
let's meet up with your eyes closed.
만약 당신이 나를 두 번 다시 보고 싶지 않다면, 앞으로 눈 감고 만나.

❼ 구 (phrase)

의미를 가진 최소한의 말을 단어라고 하고 이 단어가 두 개 이상 붙어서 독립된 의미를 이룬다면 그것을 '구'라고 합니다. 쉽게 말해 'good people'처럼 말이 되는 두 단어는 '구'이지만, 'people good is'처럼 말이 안 되는 단어의 나열은 '구'가 아니랍니다. 명사처럼 의미가 딱 떨어지는 구를 '명사구', 전치사와 명사가 만드는 '전치사구', 형용사처럼 명사를 꾸며준다면 '형용사구', 부사 역할을 하는 단어의 조합은 '부사구'라고 하지요.

1) 명사구

명사구는 명사 상당어구에 해당하는 단어의 조합이므로 당연히 주어, 목적어, 보어로 사용할 수 있어요.

목적어
Kids like **to read books out loud**.
아이들은 큰 소리로 책을 읽는 것을 좋아한다.

명사구 부분은 '책을 큰 소리로 읽는 것', 또는 '책을 큰 소리로 읽기'처럼 경계가 뚜렷한 명사로 해석합니다.

2) 전치사구

전치사와 명사의 조합으로 이루어지며 전명구라고도 하지요. 그 전치사구가 수식하는 대상이 명사일 때는 형용사적 용법, 그 외의 경우는 부사적 용법의 전치사구라고 한답니다.

① 형용사적 용법의 전치사구

전치사구 (형용사적 용법)
Look at the cute **baby with a red cap**.
빨간 모자를 쓴 저 귀여운 아기를 봐!

'빨간 모자를 쓴'으로 해석되는 형용사 상당어구로서, 명사인 baby를 수식하고 있어요. 삭제해도 어법상 완결은 유지됩니다.

② 부사적 용법의 전치사구

전치사구 (부사적 용법)
They are having dinner **in the restaurant**.

그들은 식당에서 저녁식사를 하고 있다.

'식당에서'로 해석되며 장소를 표시하는 전치사구입니다. 이 또한 삭제해도 어법상 완결은 유지가 되지만, 삭제해서 의미가 통하지 않는다면 삭제해서는 안 되는 필수 부사구이니 참고하시기 바랍니다.

3) 형용사구

두 개 이상의 단어들이 조합을 이루어 명사를 꾸며주는 것을 형용사구라고 합니다.

형용사구
I got the report cards **full of A's**.

나는 A학점으로 가득한 성적표를 받았다.

목적어인 명사 'the report card'를 꾸며주고 있습니다.

4) 부사구

두 개 이상의 단어들이 조합을 이루어 부사적 기능을 하는 경우에 이를 '부사구'라고 합니다. 부사적 기능이란 동사, 형용사, 부사를 수식하거나 독립적으로 사용되는 부연 설명들을 의미하지요.

① 부사를 수식하는 부사구

부사구
He wakes up **early enough to get the bus**.

그는 버스를 타기 위해 충분할 만큼 일찍 일어난다.

② 전명구로서 장소를 나타내는 부사구

부사구
The sun rises **in the east**.

태양은 동쪽에서 뜬다.

③ 주어나 술어 없이도 독립적으로 사용하는 독립 부정사

부사구 (독립 부정사)
To be honest, I'm so nervous right now.

솔직히 말해서, 나 지금 많이 긴장돼.

❽ 절 (clause)

주어와 동사가 모두 들어있으면서 완결된 의미를 가진 문장을 '절'이라고 합니다. '단어'들이 모여 의미를 가지면 '구'를 이룬다고 했지요? '단어'와 '구'들이 서로 어울려 하나의 문장을 구성하는 최소 요건을 갖추고 있다면 그것은 '구'가 아니라 '절'이 됩니다. 최소 요건이라 함은 주어와 동사로 이루어진 온전한 문장을 의미합니다. 절 중에서도 하나의 동사로 구성된 문장을 단문이라 합니다.

1) 단문 (simple sentences)

I never **make** the same mistake twice. (단문: 주어 + 동사 1개 + …)

난 같은 실수를 두 번 하지 않아.

I **make** it five times at least. (단문: 주어 + 동사 1개 + …)

최소한 다섯 번은 하지.

2) 중문 (compound sentences)

두 개 이상의 독립적인 '단문'들이 접속사로 연결된 문장을 '중문'이라 합니다.

I **like** mathematics, **and he likes** English. (중문: 주어＋동사＋접속사＋주어＋동사＋…)

난 수학을 좋아하고, 그는 영어를 좋아해.

3) 복문 (complex sentences)

의미상 주절과 종속절로 나누어지는 구조를 가진 문장을 '복문'이라 합니다.

종속절   주절
If **you want** to be number one, **you** have to **be** odd. (복문: 주어 2개 + 동사 2개 + …)

최고가 되고 싶다면 별나야 한다.

※ 직역: 만일 네가 1번이 되고 싶다면 홀수가 되어야 한다.

의미상으로 이어진 두 개의 문장 중 하나가 문장의 핵심이 되는 본론의 역할을 한다면 그 것을 '주절'이라 합니다. 그리고 그 주절을 꾸며주거나 한정시키는 역할을 하는 문장을 '종 속절'이라 합니다.

4) 절의 성분상 분류

구와 마찬가지로 절 또한 문장 내에서의 성분을 기준으로 분류해 보면 '명사절, 형용사절, 부사절' 등으로 나눌 수 있는데 이미 다루었던 단어나 구의 그것과 다를 바 없습니다. 주 어와 동사가 모두 들어있는 문장이 명사처럼 의미가 딱 떨어져서 절 전체가 주어나 목적 어 역할을 한다면 명사절이라 하고, 다른 명사를 꾸며주는 역할을 하는 문장이라면 형용사 절이라고 합니다. 부사절이란 부사절에 해당하는 문장 전체를 없애더라도 나머지 문장이 문법적으로 완결된 구조를 유지하며, 주로 조건, 이유, 때와 장소 등을 나타내는 문장 등이 이에 해당합니다.

① 명사절

I'll tell you **how I quit smoking**.

내가 어떻게 담배를 끊었는지 말해주지.

tell의 직접목적어로 사용된 명사절입니다.

② 형용사절

I bought **the dress** which I saw at the mall yesterday.
수식

어제 몰에서 보았던 옷을 샀다.

명사인 the dress를 수식하는 형용사절이 되었네요.

③ 부사절

부사절 (시간)
When I glanced at him, he looked nervous.

내가 그를 힐끗 보았을 때, 그는 긴장한 것처럼 보였다.

부사절은 주로 시간, 조건, 이유, 장소 등의 내용을 담고 있어요.

01 관사는 8품사에 속하지 않는다. [O | X]

02 '단어'라는 말은 '짧은 어휘'를 의미한다. [O | X]

03 영어는 [어순의 | 순수한] 언어이다.

04 주어가 될 수 있는 품사는 명사, 대명사밖에 없다. [O | X]

05 영어에서 동사의 위치는 자유롭다. [O | X]

06 목적어가 될 수 있는 품사는? [명사 | 형용사 | 부사]

07 간접목적어를 해석하면 [~을(를) | ~에게] 이(가) 된다.

08 보어 자리에 부사가 올 수 있다. [O | X]

answers
_____

1. O   **2.** X   **3.** 어순의   **4.** O   **5.** X   **6.** 명사   **7.** ~에게   **8.** X

09 부사는 문장 구성의 필수 요소이다. [O | X]

10 부사는 명사를 수식할 수 없다. [O | X]

11 형용사는 동사를 수식할 수 없다. [O | X]

12 부사는 부사를 수식할 수 없다. [O | X]

13 주어와 동사를 갖춘 문장은 '절'이다. [O | X]

14 하나의 단문에 동사 한 개가 원칙이다. [O | X]

15 명사절은 주어가 될 수 없다. [O | X]

answers
---
9. X **10.** O **11.** O **12.** X **13.** O **14.** O **15.** X

02
품사의 이해

02 품사의 이해

네 개의 품사 사이에 서먹한 사이가 있다!

❶ 품사의 종류

품사란 '단어의 종류'이며, 그 속에는 다음과 같은 8가지 종류의 단어가 있다는 것을 앞장에서 설명하였습니다.

> 명사, 동사, 형용사, 부사, 접속사, 대명사, 감탄사, 전치사

이번 장에서는 각각의 품사에 대해서 보다 자세히 들여다보고 서로의 상관관계까지 살펴보도록 하겠습니다.

우선 8품사 중에서도 특히 **'명동형부'**가 중요하다고 했는데 그 이유는 우선 아래 표를 참고해 주세요.

품사 \ 자리	주어	동사	목적어	보어
명사	○		○	○
동사		○		○ (O.C.)
형용사				○
부사				
접속사				
대명사	○		○	○
감탄사				
전치사				

어순의 언어인 영어는 순서에 따라 기본적인 '자리'가 정해져 있다고 했지요? 그 '자리'라는 것은 문장의 다섯 가지 형식을 구성하는 주요 성분을 의미하며 **'주어, 동사, 목적어, 보**

어' 이렇게 네 개의 자리가 마련되어 있습니다. 그런데 앞의 표에서 보듯 **명사, 동사, 형용사, 대명사** 만이 배정된 자리에 올 수가 있고 나머지(부사, 접속사, 감탄사, 전치사)는 별도로 마련된 자리가 없습니다. 그렇다면 나머지 '부사, 접속사, 감탄사, 전치사'의 역할은 무엇이며 그들의 자리는 도대체 어디일까요?

부사의 기능은 말을 보다 구체적이고 선명하게 표현할 수 있도록 만들어 준다는 측면에서 매우 중요합니다. 하지만 문장의 5형식이라는 전통적인 문장 성분 속에서 부사의 자리는 따로 마련되어 있지 않습니다. 앞서 설명했듯 부사는 있던 부사조차 삭제해도 문장의 완결성이 유지되기 때문이지요.

접속사는 그 수가 많지 않지만 딱히 다른 품사에 속한다고 볼 수도 없고 두 개 이상의 말(단어, 구, 절)을 이어주는 나름 고유의 역할을 한다는 점에서 별도의 품사로 분류한 것입니다. 하지만 부수적인 역할이라고 밖에 볼 수 없기 때문에 성격상 부사에 가깝다고 할 수 있지요.

감탄사는 그 수가 매우 적고 부사에 포함시켜도 될 만큼 부수적인 단어이지만 그렇다고 부사 고유의 기능을 하는 것은 아니기 때문에 별도의 감탄사라는 명칭으로 분류한 것입니다.

전치사는 한국어에는 없는 독특한 품사이며 매우 중요한 기능을 합니다. 다만, 단독으로 쓸 수 없고 오로지 명사와 함께 사용하지요. 이 경우 전치사와 결합한 명사는 형용사구, 혹은 부사구로 변하게 됩니다.

정리해 보자면, 접속사, 감탄사, 전치사는 부사와 관련이 있고 대명사는 사실상 명사를 대신하는 단어로서 명사와 밀접한 관련이 있으므로 결국 8개의 품사는 '**명사, 동사, 형용사, 부사**' 군으로 나눌 수가 있는 것입니다. 그리고 이 4가지 품사는 영어의 어순과 어법을 제대로 이해하는 데 있어 너무나 중요합니다. 4개 품사 간의 수식 관계를 반드시 머리 속에 그릴 수 있어야 합니다. 형용사와 명사, 전치사와 명사처럼 찰떡궁합도 있지만 명사와 부사, 동사와 형용사처럼 절대 어울리지 않는 서먹한 사이도 있습니다. 이러한 관계를 설명하기 전에 먼저 그림으로 그려보면 다음과 같습니다. 다음의 그림을 꼭 기억해 두시기 바랍니다.

품사 간 수식 관계도 (aka. 명동형부도)

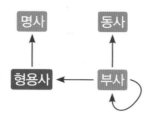

※ 화살표는 수식 가능한 품사를 나타냅니다.
※ 수식: 꾸며준다는 말입니다.

위 그림은 이후에 설명할 어법들을 이해하는 데 큰 도움이 됩니다. 그림에서도 알 수 있듯 부사는 명사를 수식할 수 없어요. 오로지 형용사만이 명사를 수식한다는 것입니다. 부사와 명사는 서먹한 관계라 서로 어울리지 않아요. 형용사는 동사를 수식하지 않고, 동사는 명사를 수식하지 않아요. 하지만 명사와 동사는 떼려야 뗄 수 없는 사이랍니다. 명사는 동사의 주어가 되고 목적어가 되기 때문이지요. 그림 그대로 머리 속에 각인시켜야 합니다. 위 그림을 다음 장에서 다룰 문장의 형식을 통해 익히게 될 어순에 접목시켜 보세요. 그것이 영문법의 기본입니다.

> 형용사는 명사를 수식한다.
> 부사는 형용사, 동사, 다른 부사를 수식한다.

1) 명사 (noun)

이름을 가진 모든 단어를 명사라고 합니다. 문장 내에서 주어, 목적어, 보어가 될 수 있기 때문에 대장 격인 품사이지요. 명사는 워낙 중요하므로 자세한 내용은 [제4장 명사]편에서 별도로 다루고 있습니다.

> 명사는 주어, 목적어, 보어의 역할을 담당한다.

2) 동사 (verb)

'동사'는 앞장에서 설명한 대로 **문장 성분 속의 동사**와 같습니다. 동사는 명사와 서로 꾸며주는 사이가 아니지만 사실은 가장 가까운 사이이지요. 명사는 문장을 앞에서 끌어가는 주어 역할을 하고, 동사는 이름 그대로 뒤에서 미는 동사 역할을 합니다. 명사는 운전수이고 동사는 자동차라고 할 수 있어요. 자동차의 종류가 다양한 것처럼 동사의 종류도 다양합니다.

동사 뒤에 오는 목적어의 유무에 따라 크게 자동사와 타동사로 나눕니다. 동사는 기능에 따라 be동사, 일반동사, 사역동사, 지각동사 등으로 나눌 수 있어요. 그리고 동사에 특정한 의미를 더해주는 조동사가 있지요. 각각 [제7장 동사]편과, [제13장 조동사]편에서 자세히 다루고 있습니다.

목적지로 가기 위해서는 자동차가 움직이듯 동사가 나서야만 합니다. 그만큼 문장의 핵심을 담당하고 있어요. 그럼에도 불구하고 형용사나 명사는 동사를 꾸며주지도 않고 오지랖 넓은 부사만이 동사를 꾸며 줍니다. 열심히 달리는 동사 입장에서는 서운할 수도 있겠지요? [제10장 부정사]편에서 동사의 반란이 이어집니다.

3) 형용사 (adjective)

맛있는 스테이크를 먹고 나서 블로그에 글을 올려봅니다.

"Today, I had **fresh**, **light** and **juicy Korean** beef sirloin steak.
It was the **best meat with a neat and clean taste**."

"난 오늘 신선한 한우의 등심으로 만들어 담백하고 육즙이 풍부한 스테이크를 먹었다.
정갈하고 깔끔한 맛을 가진 최고의 고기였다."

여기서 형용사를 쓰지 않는다면 어떤 글이 될까요?

I had beef sirloin steak today. It was meat.

"난 오늘 등심 스테이크를 먹었다. 고기였다."

이것이 형용사의 역할입니다.

형용사는 명사의 크기나 색깔, 생김새 등을 좀 더 구체적으로 묘사하기 위해 필요에 의해서 생겨난 품사입니다. 그러다 보니 그 역할이 명사와의 관계에 국한되어 있어요. 즉, 형용사는 오로지 명사만을 꾸며 주는 품사입니다. 동사를 꾸며줄 수는 없어요. 그럼에도 불구하고 꾸밈 전문가로서의 기능을 살려 동사조차 꾸며주려 한다면 그 형태를 살짝 바꾸어서 형용사의 모습을 버리고 부사가 되어야 합니다.

형용사
I was driving on the **slow** lane.

나는 서행차선에서 달리고 있었다.

부사
I was driving my car **slowly**. (형용사에 -ly를 붙인 부사)

나는 차를 천천히 몰고 있었다.

형용사는 명사를 수식하고 보어의 역할을 할 수 있기 때문에 '현재분사'와 '과거분사' 또한 형용사의 범주에 포함됩니다.

falling leaves 떨어지는 낙엽

→ 현재분사 – 명사를 수식하는 형용사로 사용

a **broken** window 깨진 유리창

→ 과거분사 – 명사를 수식하는 형용사로 사용

Shocking Tip!

형용사가 여러 개일 때 나열하는 순서는?

명사를 수식하는 형용사가 한 개 일 때는 가볍게 명사 앞에 써주고, 형용사구나 형용사절처럼 수식어 부분이 길어질 때는 수식되는 명사의 뒤에 위치하는 것이 일반적이다. 하지만 여러 개의 형용사가 명사 앞에 나열되는 특별한 경우가 있는데 이 때 나름 통용되는 순서가 있다.
앞쪽의 형용사일수록 주관적인 정보를 배치하고, 명사에 가까울수록 객관적인 정보를 사용한다.

I bought a cozy, tiny, fast, and red Italian electric car.
나는 편하고 작고 빠른 빨간색 이탈리아산 전기 자동차를 한 대 샀다.

물론 원어민들도 위 순서에 얽매이지 않으니 그냥 생각나는 대로 사용해도 무방하다. 어차피 앞쪽은 주관적인 판단으로 배치하는 것이니. 단, 원산지와 재질은 가급적 맨 뒤로 배치하는 게 좋다.

4) 부사 (adverb)

부사는 움직이는 동사를 꾸며줄 뿐 아니라 형용사의 정도를 좀 더 구체적으로 묘사하는 역할도 하고, 또한 다른 부사의 상태를 더욱 정밀하게 꾸며주는 역할도 합니다.

부사 slowly가 동사 eat을 수식

He **eats slowly**. 그는 천천히 먹는다.

부사 very가 형용사 expensive를 수식

Diamonds are **very expensive** jewels.

다이아몬드는 매우 비싼 보석이다.

부사 so가 부사 fast를 수식

This car goes **so fast**. 그 자동차는 매우 빨리 달린다.

또한, 부사는 문장의 앞뒤에서 단독으로 활약하며 문장 전체의 느낌에 영향력을 발휘하기도 합니다.

동사 수식

The king <u>resigned</u> **happily**. 그 왕은 행복하게 물러났다.

문장 수식

Happily, <u>the king resigned.</u> 다행히도, 그 왕은 물러났다.

부사는 일반적으로 형용사 뒤에 -ly를 붙여서 사용합니다.

careful → careful**ly**   beautiful → beautiful**ly**

신중한   신중하게   아름다운   아름답게

warm → warm**ly**   warmhearted → warmhearted**ly**

따뜻한 따뜻하게   친절한   친절하게

-ly 타입이 아닌 자체 모양의 부사도 있습니다.

very, too, so, often, yet, always, seldom, never, not, quite…

형용사와 부사의 형태가 같거나, 부사가 되었을 때 형용사 본래의 뜻과 달라지는 부사들은 각별히 주의해야 합니다.

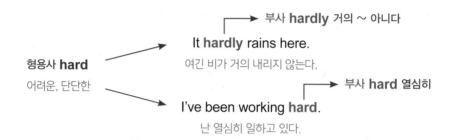

hard 타입의 부사로는 다음과 같은 것들이 있습니다.

형용사	부사	부사
hard 어려운, 단단한	hard 열심히, 강하게	hardly 거의 ~ 아니다
late 늦은	late 늦게	lately 최근에
high 높은	high 높게	highly 상당히, 아주
near 가까운	near 가까이	nearly 거의

5) 접속사 (conjunction)

접속사는 문장의 성분들이나 문장들을 이어주는 역할을 합니다. 대표적으로 and, but, so, however 등이 있지요. 이런 단순한 접속사들은 딱히 설명할 필요도 없을 만큼 간단하지만 so ~ that, not only ~ but also 등 여러 단어들이 합작해서 만들어내는 접속사는 별도로 학습할 필요가 있습니다. [제14장 접속사]편에서 자세히 다루고 있습니다.

6) 대명사 (pronoun)

대명사는 명사를 대신하는 품사입니다. 대명사라고 하니 왠지 명사보다 더 큰 존재처럼 느껴지지만 대신할 대(代)자를 쓰고 있지요. 영어로 pronoun인데 pro의 의미 역시 'in place of(~을 대신해서)'의 뜻을 가지고 있어요. 명사의 자리를 대신한다는 뜻이죠. 가장 많이 사용하는 인칭대명사가 있고요. 지시대명사, 관계대명사, 부정대명사, 소유대명사, 재귀대명사, 의문대명사 등이 있습니다. 이 중에서 관계대명사는 다른 대명사에 비해 설명이 좀 더 필요한 부분이라 [제15장 관계대명사]편에서 따로 다루고 있습니다.

인칭대명사	• 사람을 칭할 때 쓰는 명사 • 일일이 이름을 쓸 수는 없으므로 인칭대명사로 간단히 표현 I, You, He, She, We, They, It
지시대명사	• 사람, 동물, 사물 등을 가리키는 대명사 • 단수, 복수의 여부에 따라 달라짐 It, This, That, These, Those, They
관계대명사	• 두 문장의 공통 성분을 이용하여 하나의 문장으로 묶고자 할 때 사용하는 대명사 what, who, which, that
부정대명사	• 앞에 나온 명사를 다시 언급할 때 반복을 피하기 위함 • 불특정한 대상을 표현 one, all, both, each, some, any
소유대명사	• 소유격과 명사의 결합으로 이루어져 있음 • 소유의 향방을 나타내면서 독립적인 문장 성분으로 사용 mine, yours, his, hers, ours, theirs
재귀대명사	• 주어의 동작이 다시 주어에게 돌아갈 때 사용 　즉, 주어와 목적어가 같을 때 쓰는 대명사 myself, yourself, himself, herself, itself, themselves, ourselves
의문대명사	• 물어보고자 하는 대상을 표현하면서 의문문을 만들 때 사용하는 대명사 what, who, whose, which

7) 감탄사 (interjection)

감탄사는 딱히 설명할 것도 없을 만큼 단순합니다. 어떻게 무려 8품사 내에 떡하니 들어있는지 그 이유로 감탄사가 나올 정도입니다. 다른 품사들과는 달리 품사들 간의 수식 관계도 없고 문장 성분 내에도 포함되지 않기 때문에 독립적인 말의 형태로 간주되고 있습니다. 기능적인 측면에서만 본다면 부사의 역할이라고 할 수 있습니다. 감정의 기운이 언어로 표출된 형태이므로 원어민 전용의 영역으로 생각할 수도 있습니다. 하지만 상대의 감정을 이해하기 위해 감탄사든 욕설이든 알고는 있어야 하겠지요? 많이 사용하는 영어 감탄사는 다음과 같습니다.

ahh, Alas!, blah, Bingo!, Bravo!, gee, hey, Jesus!,
nah, no, oh, oops!, Ouch!, phew, shucks, woops!, Yeah!, yes, yikes!...

8) 전치사 (preposition)

전치사는 명사나 대명사 앞에 놓여 다른 단어와 관계를 맺어주는 역할을 합니다. 접속사가
큰 관절이라면 전치사는 작은 관절이라 할 수 있어요.

전치사   전치사
She took a walk **in** the park **with**
her son yesterday.
그녀는 그저께 그녀의 아들과 공원을 산책했다.

전치사는 오로지 명사(대명사) 앞에만 존재할 수 있기 때문에 단독으로 쓰이지도 않아요.
하지만 그 역할은 너무나 크지요. 만약 전치사가 없다면 의미가 뒤죽박죽되면서 의사소통
하기가 매우 힘들어질 것입니다. 보다 자세한 내용은 [제6장 전치사]편에서 다루도록 하
겠습니다.

Shocking Tip!

단어의 품사를 일일이 다 외울 필요는 없다.

품사 구분은 모든 언어에서 다루고 있다. 수없이 많은 단어들을 종류별로 묶어서 살펴보면 그 차이점
을 체계적으로 이해할 수 있기 때문인데, 사실 품사 구분은 문장 내에서 다른 품사와 상호작용하기
위한 형태 변화의 규칙을 정하는 데 기준이 되므로 문법상으로는 대단히 중요하다.

하지만 많은 기초 학습자들이 품사를 학습하는데 있어 오해와 스트레스가 매우 많은데 다음과 같은
이유에서 기인한다.

첫째, 이것은 왜 부사인지, 저것은 왜 명사인지, 어떨 땐 왜 동사인지, 품사에 대한 개념 자체를 어려
워하기 때문

둘째, 모든 단어를 뜻도 외우고 품사도 외워야 한다는 부담감

전치사와 관사를 제외하고는 영단어의 품사는 우리말에도 다 있다. 어차피 품사 구분은 개념적인 기
준이므로 뜻만 알면 우리말의 판단으로 구분해도 거의 틀림이 없다. 일일이 외울 필요 없이 명동형부
4대 품사의 개념만 명확히 구별할 수 있으면 된다. 중요한 것은 어순이며, 영어는 어순에 따라 품사
가 정해진다고 봐도 될 정도이다. 품사 개념을 알아야 하는 이유는 바로 이것이다.

01 None of us attended the [meet | meeting].
우리들 중 아무도 그 회의에 참석하지 않았다.

02 He explained to me in a [kindly | friendly] voice.
그는 다정한 목소리로 내게 설명해 주었다.

03 It's going to rain [heavily | hardly] tomorrow.
내일 비가 심하게 올거래.

04 The snail spoke [high | highly] of the turtle for being fast.
거북이가 빠르다고 달팽이가 매우 칭찬했다.

05 I'm working [hard | hardly] for my family.
나는 가족을 위해 열심히 일하고 있습니다.

06 There are many [rats | mouses] in the unused chimney.
아니 땐 굴뚝에 쥐가 많다.

07 I don't want to go back to the [lone | lonely] house.
외로운 그 집에 돌아가고 싶지 않아.

08 She made me [angry | angrily].
그녀는 나를 화나게 만들었다.

answers

1. meeting **2.** friendly **3.** heavily **4.** highly **5.** hard **6.** rats **7.** lonely **8.** angry

09 You are [absolute | absolutely] unique,

넌 정말 독특해,

Just like everyone else.

다른 사람들처럼 말야.

10 Who ate [their | theirs] food?

누가 그들의 음식을 먹어버렸어?

11 Would you like something [for | to] drink?

음료수 좀 드실래요?

12 I support [me | myself] for not giving up.

나는 포기하지 않는 나 자신을 응원해.

13 The children are [sing | singing] for their teachers.

아이들이 선생님들을 위해 노래를 부르고 있다.

14 I've been thinking a lot about you [late | lately].

최근에 니 생각 많이 하고 있어.

15 Kimchi is a [Korean traditional | traditional Korean] food.

          Ⓐ   Ⓑ

김치는 전통 한국 음식이다.

answers

9. absolutely   **10**. their   **11**. to   **12**. myself   **13**. singing   **14**. lately   **15**. Ⓑ

03
문장의 형식

03 문장의 형식

과연 모든 문장이 5형식에 다 들어갈까?

❶ 문장의 5형식

영어를 잘 몰라도 누구나 이름은 들어봤을 만큼 유명한 5형식

1형식	주어(S)	동사(V)		
2형식	주어(S)	동사(V)	주격보어(SC)	
3형식	주어(S)	동사(V)	목적어(O)	
4형식	주어(S)	동사(V)	간접목적어(IO)	직접목적어(DO)
5형식	주어(S)	동사(V)	목적어(O)	목적격보어(OC)

1) 5형식의 실체

실로 오랫동안 학교 영문법의 터줏대감으로 자리하고 있는 문장의 5형식. 말도 많고 탈도 많다 보니 문장의 형식 무용론에서부터 7형식, 11형식, 25형식에 이르기까지 보완된 형태의 다양한 이론 체계들도 많이 나와 있습니다. 기존의 5형식이 불완전하고 논리적인 모순이 많다는 반증입니다. 결론부터 말씀드리자면 그럼에도 불구하고 문장의 형식은 중요합니다. 5형식 이론이 결코 해결책이 될 수 없고 한계성도 존재하지만, 어순의 규칙을 체험하고 품사 간의 관계를 학습하는 단계에서 도움이 되는 것은 사실입니다. 5형식만 제대로 알아도 5형식의 한계성을 논할 정도의 실력이 갖추어집니다. 5형식에 반드시 얽매일 필요는 없습니다. 어순의 흐름에 익숙해지는 도구로 잘 활용만 하면 됩니다.

Shocking Tip!

5형식은 대체 어디서 굴러온 것일까?

20세기 초 영국의 언어학자이며 훗날 옥스퍼드 사전의 수석 편집자이기도 했던 Charles T. Onions는 영어의 문장을 동사의 패턴을 기준으로 하여 5가지 형식으로 분류했다. 이 연구서적을 본 일본의 이 츠키호소에라는 학자가 감동을 받고는 일본어로 번역 출간했다. 원문의 '동사 패턴'을 확장하여 '5문형 이론'을 제시하였는데 일본의 학교 영문법에 채택되어 널리 사용하게 되었다. 결국 일제강점기에 우리의 영어교육에도 지대한 영향을 미치며 두 나라의 기본 영문법의 기초로 오래도록 자리하고 있다.

2) 5형식의 한계

Jack is in the school. Jack은 학교에 있다.
　 S　 V 　 　 A

위 예문은 5형식 문장을 기준으로 1형식에 속합니다. A 부분은 부사구이기 때문에 5형식 체계의 문장 성분에는 포함되지 않지요. 하지만 이 문장은 부사구 A를 제외할 경우 의미가 전달되지 않습니다. 'Jack is.' 라는 말은 불완전하지요. 그래서 A 부분의 형태는 부사구이지만 문장 성분에 포함을 시켜야 할 '필수 부사구'로 보아야 하는 모순적인 상황이 발생합니다.

Sam put his wallet in the drawer.
　 S　 V　　 O 　　 　 A

Sam은 지갑을 서랍 속에 두었다.

위 예문 또한 마찬가지입니다. 5형식 체계의 시각으로 보자면 SVO 구조의 3형식 문장입니다. A 부분은 전명구로 이루어진 부사구이지만, 이 부분을 빼면 해석이 제대로 되지 않습니다. put은 in the drawer라는 구체적인 장소를 만나 비로소 '두다'라는 의미를 가지기 때문이지요. A 부분이 없으면 put은 모호한 단어가 되어 비문 취급을 당하게 됩니다.

앞의 두 예문에 대한 해결을 위해 보완된 이론이 '7형식 문장' 체계입니다. 사실, 부족한 부분들을 보완하는 규칙을 계속 추가로 만들다 보면 25형식까지 가는 것도 무리는 아닙니다. 학문적인 측면에서는 의미 있는 일이지만 영어를 배우는 입장에서는 여간 곤혹스러운 일이 아닙니다. 다시 한번 강조하자면, 5형식만 제대로 알아도 확실히 도움이 됩니다. 게다가 중요한 것은, 5형식이건 25형식이건 영어라는 언어의 기저에 흐르는 형식은 단 하나입니다.

> 주어 → 동사 → 목적어(또는 보어)

위 순서에 맞추어 단어를 집어넣기만 하면 됩니다. '**주어**' 자리엔 '**명사**(대명사)'만이 올 수 있고, '**동사**' 자리엔 '**동사**'가, '**목적어**' 자리엔 '**명사**(대명사)'만이 올 수 있습니다.

이것을 큰 전제로 두고, 여기에 작은 전제 즉, 오직 형용사만이 명사를 수식하고, 부사만이 형용사, 동사, 부사를 수식한다는 규칙을 접목한 것, 이것이 바로 영어의 기본 원칙이며 아무리 복잡한 문장이라 할 지라도 이 원칙을 벗어나지 않습니다.

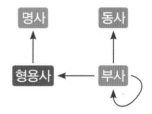

3) 5형식 요점 익히기

5형식에서 가장 중요한 것은 모두 주어 + 동사 순으로 문장이 만들어진다는 것입니다.

모든 형식에서 **주어**→**동사** 순!

1형식	S + V	
2형식	S + V	+ SC (주격보어)
3형식	S + V	+ O (목적어)
4형식	S + V	+ IO + DO (간접목적어 + 직접목적어)
5형식	S + V	+ O + OC (목적어 + 목적격보어)

각 형식별로 주어진 자리에 올 수 있는 품사를 꼭 기억해 두세요. 표시된 품사 외에 다른 품사는 절대 올 수 없고, 만약 온다면 규칙에 맞게 모양을 바꾸어 해당 품사의 자격으로 자리해야만 합니다.

	주어 자리 S	동사 자리 V	목적어, 주격보어 자리 O or SC	목적어, 목적격보어 자리 O or OC
1형식	명사 (대명사)	동사		
2형식			SC (명사 or 형용사)	
3형식			O (명사)	
4형식			IO (명사)	DO (명사)
5형식			O (명사)	OC (명사/형용사/동사)

※ IO: 간접목적어 / DO: 직접목적어

각 문장 형식의 예문은 다음과 같습니다.

1형식 S+V	**I slept** on the floor last night. 난 어젯밤에 바닥에서 잤어.	lie, listen, sleep, rise, walk…
	주어의 동작만을 나타내는 자동사를 사용	
2형식 S+V+SC	She will **be a great player**. 그녀는 대단한 선수가 될 거야.	be, become, grow, look, smell…
	주어의 상태나 신분을 나타내므로 be동사, 감각동사, 상태동사 등을 사용	
3형식 S+V+O	He **ate all the food**. 그는 모든 음식을 먹었어.	eat, hate, lay, love, marry…
	목적어를 취하므로 타동사를 사용	
4형식 S+V+IO+DO	He **sent me flowers** on my birthday. 그는 내 생일에 내게 꽃을 보냈어. 	ask, bring, give, lend, send…
	목적어를 2개 취하므로 수여동사를 사용	
5형식 S+V+O+OC	They **made me angry**. 그들은 나를 화나게 했어.	cause, have, keep, make, want…
	목적어와 목적격보어를 필요로 하는 동사를 사용	

4) 비문 판단하기

5형식의 기본 개념을 숙지했다면 다음 문장이 왜 비문이 되는지 판단할 수 있게 됩니다.

① She ✔ smart. **(X)** 동사 자리에 동사가 없어서 틀림

② He became ✔. **(X)** 보어 자리가 비어 있어서 틀림

③ I love **walk**. (X) 목적어 자리에 동사가 와서 틀림

④ **Cook** is fun. (X) 주어 자리에 동사가 있어서 틀림

위 ④번 예문의 경우처럼 주어 자리에 다른 품사를 넣고자 한다면 당연히 모양새라도 명사처럼 갖추고 와야 합니다. 앞에서 말했듯이 이를 '명사 상당어구'라고 하지요. 그런 명사 상당어구들은 명사 자리에 모두 올 수 있기 때문에 주어나 목적어, 보어가 될 수 있어서 활용의 폭이 훨씬 넓어지게 되지요.

명사 상당어구는 동명사, to부정사의 명사적 용법, 명사구, 명사절 등이 해당됩니다. ④번의 경우는 주어 자리에 맞도록 동사를 아래와 같이 명사 형태로 바꾸면 됩니다.

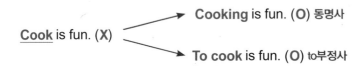

Cook is fun. (X) → **Cooking** is fun. (O) 동명사

→ **To cook** is fun. (O) to부정사

5) 1개 동사의 원칙

아래의 문장은 문법적으로 어디가 잘못되었을까요?

I want **make** you **happily**. 난 너를 행복하게 만들고 싶다(?).

make가 틀린 이유는 하나의 문장에 동사는 하나라는 규칙을 어겼기 때문입니다.

이미 동사 want가 차지했기 때문에 make의 자리는 목적어 자리가 됩니다. 즉, 명사만이 올 수 있다는 것이지요. make가 명사가 되기 위해서는 두 가지 옵션이 있습니다. 동명사 making으로 변하거나, 아니면 부정사 to make로 변하는 것이지요. 둘 중에 어떤 것이 와야 하는지는 문맥에 따라 차이가 있기는 합니다. 여기서는 to make가 자연스럽습니다.

그리고 위 문장에서 happily는 우리말로 '행복하게'라는 뜻이다 보니 왠지 맞는 표현처럼 보일 수 있습니다. 영어는 수식의 관계가 중요하므로 happily가 수식하는 단어가 무엇인지가 관건입니다. happily는 부사이므로 동사나 형용사를 수식하는데 이 문장에서 동사는 want 밖에 없지요? 그렇다면 want의 주체인 "내가(I) 행복하게 원한다"는 이상한 의미가 되어버립니다.

행복해야 할 사람은 목적어인 '너(you)'입니다. you는 대명사이기 때문에 이를 수식할 수 있는 형용사 happy가 와야 합니다.

I want __make__ you __happily__. (X)

→ I want __to make__ you __happy__. (O)

난 너를 행복하게 만들고 싶다.

❷ 수식의 순서

1) 후치수식

영어는 어떤 단어를 꾸미거나 설명하고자 할 때 뒤에서 수식하는 것이 기본 원칙입니다 (후치수식). 원어민들의 사고 체계로는 중요한 단어를 먼저 듣고 난 후 그에 대한 추가적인 설명을 듣는 것이 순서라고 생각하는 것이지요. 단어를 아직 인식하지 못한 상태에서 앞선 설명이 장황해지는 것을 답답해 하고 비효율적으로 여깁니다.

다만, 한 두개의 단어로 구성된 간단한 형용사는 해당 단어의 앞에 위치합니다. 긴 설명이 필요한 단어는 절이나 구, 접속사 등을 이용하여 뒤에서 수식합니다.

후치수식 (여러 단어로 구성된 형용사구이므로)

He got a __box__ __filled with many toys__.

그는 장난감으로 가득한 상자를 받았다.

전치수식 (간단한 형용사이므로)

It was a __sunny__ __day__.

그날은 화창한 날이었다.

짧은 수식어는 전치한다는 것이 규칙 위반은 아닙니다. 오히려 a sunny day처럼 하나의 개체로 볼 수 있는 표현은 후치수식으로 표현하는 쪽이 직관성이 떨어지며, 또한 경제성의 원칙에도 벗어나기 때문입니다.

It was a day __which was sunny__. → It was a __sunny__ day.

같은 의미의 짧은 문장이 경제적

> 영어의 문법은 복잡한 규칙들이 적용된다기 보다는,
> 어순의 기본 규칙을 엄격하게 적용하는 것

Shocking Tip!

something은 왜 뒤에서만 수식할까?

I need special something.(X) → I need something special. 특별한 무언가가 필요해.

간단한 형용사라면 명사 앞에 위치하는 것이 원칙이나 something은 형용사가 뒤에 온다. 그 이유는
이미 형용사 some과 명사 thing의 조합으로 이루어진 단어이기 때문.
여기에 또다른 형용사 special이 합세하면 복잡해지기 때문에 두번째 형용사는 후치시킨다.
anything, nothing, everything도 마찬가지.

③ 문장의 종류

1) 의문문

의문문은 어떻게 만들어졌을까요? 어느 언어에서나 묻고 답하는 형식은 가지고 있지요.
영어는 특히나 경제성을 지향합니다. 가급적 짧고 편한 방향으로 끊임없이 진화하려는 축
소지향성을 가지고 있습니다. 우리말 역시 '–다'를 '–까?'로 바꾸면 간단히 해결되지요. 영
어도 아마 가장 편한 방법을 찾으려 고민했을 것입니다.

"주어와 동사를 뒤집자!"

영어가 선택한 방법은 주어와 동사의 순서를 바꾸는 것입니다. 질문의 성격이 갈수록 다
양해졌지만 의문문을 만드는 방법은 3가지로 규칙이 정해졌습니다.

① 주어동사 도치
be동사 문장인 경우 주어와 순서만 바꾸면 의문문이 됩니다.

My face is really egg-shaped. 내 얼굴은 정말 계란형이야.

Is my face really egg-shaped? 내 얼굴이 정말 계란형이야?

이런 질문은 상대방으로부터 Yes or No의 답변을 요구합니다.

Yes, it is, the pointed side is up.
응, 뾰족한 쪽이 위야.

완료형 문장의 경우도 마찬가지입니다.

He has been to the moon. 그는 달에 가보았다.

Has he been to the moon? 그는 달에 갔었나?

② Do동사 사용

일반동사가 사용된 문장인 경우 문장의 맨 앞에 Do를 붙여 의문문을 만듭니다. 단, 이때 주의해야 할 사항이 있어요. 여기서 do는 의문문을 위한 조동사로 사용되는 것이므로 원문의 시제와 인칭을 do에 적용하고 동사는 반드시 원형을 사용해야 합니다.

She liked to travel alone. 그녀는 혼자 여행하는 것을 좋아했다.

Did she like to travel alone? 그녀는 혼자 여행하는 것을 좋아했나요?

③ 의문사 사용

여부에 대한 질문이 아니라 특정한 정보를 답으로 요구하는 질문의 형태엔 다음과 같이 의문사를 사용합니다.

의문사가 원하는 정보의 내용은 다음과 같습니다.

Who	What	When	Where	Why	How	Which
누가	무엇	언제	어디서	왜	어떻게	어느 것

who는 소유격 whose(누구의)와, 목적격 whom(누구를, ~에게)을 별도로 가지고 있어요.

Who will be the first to go to the sun? / You. I wish.

누가 태양에 제일 먼저 가는 사람이 될까? / 너였으면...

Whose sock is on your head?

니 머리 위에 양말은 누구의 것이냐?

What은 보기없이 막연한 상태에서 무엇인지를 묻는 것이고, Which는 보기 중에 꼭 집어 어떤 것인지를 묻는 것입니다.

What do you want to be in the future?

넌 나중에 뭐가 되고 싶니?

Which do you like better, durians or aliens? / Neither.

두리안과 외계인 중에 어느 쪽이 더 좋아? / 둘 다 싫어.

Why는 이유를 묻는 의문사이므로 긍정의 답변인 경우 because로 대답합니다.

Q: **Why** do you choose a lazy person for the hard job?

그 힘든 일에 어째서 게으른 사람을 뽑으시나요?

Bill Gates: **Because** a lazy person will find an easy way to do it.

왜냐하면 게으른 사람은 항상 쉬운 방법을 찾아내거든.

2) 명령문

Open the door!
문 열어!

이 문장은 의문문도 아닌데 어떻게 동사가 맨 앞에 있을까요? 명령문은 동사가 앞에 온다는 규칙은 없습니다. 원래 문장은 이렇습니다.

You open the door!

명령은 누구에게 하는 걸까요? 당연히 지금 내 말을 듣고 있는 상대방에게 하는 것입니다. 결코 제삼자에게 명령할 수는 없지요. 제삼자가 문을 열도록 한다고 해도 이를 전달하기 위해서는 결국 바로 앞에 있는 상대방에게 명령하는 수밖에 없으니까요.

Get him to open the door!
걔한테 가서 문 열라고 해!

그래서 명령문은 언제나 상대방이 있는 상황에서만 할 수 있기 때문에 굳이 상대방에 해당하는 You를 말하지 않아도 됩니다.

게다가 You를 생략함으로써 Open이라는 동사가 문장의 맨 앞에서 대장 격으로 강조되므로 명령문에 걸맞은 강한 느낌을 가질 수 있는 것이지요.

이렇듯 명령문도 어순의 개념에서 이해할 수 있습니다.

Do it roughly, so it lasts long.
대충대충 해. 그래야 오래할 수 있어.

3) 감탄문

감탄문 역시 일반적인 평서문과는 어순이 다르기 때문에 별도의 종류에 해당하는 문장으로 볼 수 있습니다.

Aha!, Oh my god! 같은 감탄사가 아니라 문장으로 격한 감정을 표현할 때엔 감탄문을 사용합니다. 감탄문은 두 가지 방법이 있는데 하나는 형용사나 부사를 강조하는 것이고, 다른 하나는 명사를 강조하는 것입니다.

① 형용사, 부사 강조 감탄문

How **humble** you are! (형용사 강조)

정말 겸손하시군요!

How **fast** time flies! (부사 강조)

시간이 어찌나 빨리 지나가는지!

② 명사 강조 감탄문

What a clean **house** (it is)! (명사 강조)

정말 깨끗한 집이야!

What, How로 시작하는 감탄문의 경우 주어 동사는 생략할 수 있어요.

01 My wife told me [   ] smile when I took the picture.
사진 찍을 때 웃으라고 아내가 내게 말했다.

02 [Find | Finding] your patience before I lose mine.
인내심을 가져보세요. 제가 인내심을 잃기 전에.

03 If you want [   ] look prettier without surgery, just smile.
수술 안하고 더 예뻐지고 싶다면, 그냥 웃으세요.

04 Dad jokes always [make | making] old men laugh.
아재 개그는 아재들을 항상 웃게 만든다.

05 She waters the trees to make [it | them] grow better.
그녀는 잘 자라라고 나무에 물을 준다.

06 I saw [she | her] yawning in front of me.
나는 그녀가 내 앞에서 하품하는 것을 보았다.

07 The twins made him [happy | happily].
쌍둥이들은 그를 행복하게 만들었다.

08 He made the beds for triplets [happy | happily].
그는 세쌍둥이들을 위한 침대를 행복하게 만들었다.

---

answers

1. to   **2.** Find   **3.** to   **4.** make   **5.** them   **6.** her   **7.** happy   **8.** happily

09 Say nothing before you [hear | hearing] my story.
내 이야기를 듣기 전에 아무 말도 하지 마.

10 Winning the gold medal brought him [wealth | wealthy].
금메달 획득은 그에게 부를 가져다 주었다.

11 [Which | What] does your wife do?
부인은 무슨 일을 하시나요?

12 A: [   ] one is yours, a golden axe or a diamond ring?
금도끼랑 다이아반지 중에 어느 것이 너의 것이더냐?

   B: Well... wait a minute, sir.
아... 잠시만요.

13 [   ] of them do you want to take to the concert?
그들 중에 누구를 콘서트에 데려가고 싶니?

14 [   ] fast time flies!
시간이 어찌나 빨리 지나가는지!

15 A: [What time | How soon] can you come here?
             Ⓐ   Ⓑ

   B: In an hour.
※ 해석 생략

---

answers

9. hear   **10.** wealth   **11.** What   **12.** Which   **13.** Which   **14.** How   **15.** Ⓑ

04

명사

04 명사

주어, 목적어, 보어가 되는 귀하신 몸

'명사'란 이름을 가진 모든 사물을 나타내는 품사(단어의 종류)입니다. 이름을 가지고 있다면 그것이 무엇이든 명사입니다. 어떤 품사가 가장 중요하냐는 질문은 각 품사들이 가진 고유의 기능적인 측면에서 볼 때 부질없기는 하지만, 그래도 가장 그 수가 많고 기능도 다양한 '명사'를 품사의 대장 격으로 손꼽는 데는 이견이 없을 것입니다.

우리 모두 명사!

flower   book   ball   apple   teacher

심지어 눈에 보이지 않더라도 그것을 표현할 수 있는 이름이 있다면 그것 역시 명사입니다. 앞으로 세상에 새롭게 나타날 제품이나 생명체, 현상, 유행어 등도 모두 예비 명사들입니다. 명사의 수는 갈수록 늘어날 수밖에 없지요.

그 수를 떠나 명사가 정말로 중요한 이유는 문장의 주어가 될 수 있는 유일한 품사이기 때문입니다. 그리고 목적어 또한 명사만이 가능합니다. 형용사처럼 보어가 될 수도 있지요. 이미 앞에서 지겹게 다룬 기본적인 어법 규칙입니다.

명사는 그 수가 너무 많아 특정한 기준에 따라 다음과 같이 크게 5가지 종류로 분류할 수 있습니다.

> 보통명사 | 추상명사 | 물질명사 | 고유명사 | 집합명사

❶ 보통명사

1] 복수형 표시

보통명사는 눈에 보이는 사물에 적용하는 이름입니다. 사람이나 동물의 경우엔 그들을 대표하는 명칭, 즉 kid, child, dog, cat 같은 단어가 해당되며 모두 셀 수 있는 명사들입니다. 우리말은 복수의 개념이 약한 편이어서 굳이 복수형을 말하지 않아도 맥락으로 이해합니다. 하지만 영어는 '셀 수 있는 명사'(이하 가산명사)라면 반드시 복수형을 표시합니다. 복수명사의 경우 끝에 -s를 붙여 표시합니다.

books, pens, girls, birds, tigers, teachers, …
책들, 펜들, 소녀들, 새들, 호랑이들, 교사들 …

단, o, s, x, ch, sh로 끝나는 명사는 뒤에 -es를 붙입니다. 단, 이 중에서도 ch가 [tʃ]로 발음되는 경우는 -es를 붙이고 [k]로 발음되는 경우에는 그냥 -s만 붙입니다.

tomatoes, buses, boxes, dishes, churches ([oʊ] [s] [ʃ] [tʃ])
토마토들, 버스들, 상자들, 접시들, 교회들

monarchs, epochs, patriarchs (끝발음이 모두 [k])
군주들, 시대들, 족장들

영어는 오랜 시간 동안 여러 가지 언어가 혼합되어 왔기 때문에 어원에 따라 복수형이 특이한 단어들이 존재합니다. 이처럼 불규칙한 변화를 하는 복수명사들은 일정한 규칙도 없고, 또한 그 수가 아주 많지는 않으니 그냥 외우는 편이 좋습니다.

child → children, mouse → **mice,** thief → **thieves,**
어린이　　　　　　　쥐　　　　　도둑

foot → **feet,** man → **men,** ox → **oxen,** fish → **fish,** …
발　　　　　남자　　　　황소　　　　물고기

피아노는 왜 감자와 복수형이 다를까?

알파벳 o로 끝나는 단어의 복수형엔 -es를 붙인다고 했는데 왜 피아노는 -s만 붙이는 걸까?

tomatoes, potatoes⋯   pianos?

piano는 원래 pianoforte가 정식 명칭이다. 이처럼 줄임말로 사용하는 단어들의 경우는 끝 글자가 o로 끝난다고 해도 복수형엔 -s만 붙인다. photo도 마찬가지.

photographs → photos

2) 단수형 표시

복수 표시만큼이나 영어는 단수 표시도 중요합니다. 가산명사라면 반드시 관사(a, an, the)나 소유격(my, your, her ..)을 표시해야 합니다.

There is **a** book on the table. 탁자 위에 책 한 권이 있다.

That is **my** book. 저것은 나의 책이다.

❷ 추상명사

눈에 보이지 않지만 특정한 이름을 가진 추상적인 개념을 추상명사라고 합니다.

advice, beauty, friendship, kindness, luck,
충고, 아름다움, 우정, 친절, 행운,

happiness, fear, experience, information,…
행복, 두려움, 경험, 정보, …

1) 항상 단수 취급

위 추상단어들은 셀 수 없기 때문에 당연히 복수형이 존재하지 않으며 부정관사(a, an)도 붙이지 않습니다. 단, 부정관사를 붙이는 특수한 경우가 있습니다. 이는 뒤에 이어서 설명하겠습니다.

happinesses (X), an information (X)

추상명사는 어차피 셀 수 없기 때문에 항상 단수 취급을 하며, 많을 경우에 수가 아닌 양
으로 취급합니다.

That is too much information.

(are → is / many → much)

그건 너무 과한 정보입니다.

2) of + 추상명사

'of + 추상명사'의 경우는 형용사처럼 사용할 수도 있어요.

He's a man of wisdom.

그는 현명한 사람이다.

She's a woman of beauty.

그녀는 아름다운 여인이다.

위 문장은 각각 wise와 beautiful로 바꿔서 표현할 수 있어요.

He's a wise man.

She's a beautiful woman.

하지만 of wisdom을 wise로 바꿀 수 있다고 해서 두 문장의 뉘앙스까지 똑같지는 않아요.
아무래도 of wisdom 쪽이 더 형식을 갖추고 있고 또한 명사를 사용했기 때문에 '현명함'
에 더 무게를 둔 표현이라고 할 수 있어요.

a man of wisdom 뛰어나게 현명한 사람, 현명함의 대명사

a wise man 그냥 현명한 사람

3) with + 추상명사

'with + 추상명사'의 경우는 부사처럼 사용할 수도 있어요. 마찬가지로 의미의 강도는 단순 부사보다는 더 높다고 할 수 있어요.

They treated us with respect.

그들은 우리를 정중하게 대했다. (격식을 잘 갖춘 느낌)

They treated us respectfully.

그들은 우리를 정중하게 대했다. (친절한 대우의 느낌)

4) 부정관사 + 추상명사

앞서 말했듯이 추상명사 앞에 부정관사가 붙는 특수한 경우가 있습니다. 이때는 더 이상 추상명사가 아니라 눈에 보이는 물리적인 의미의 보통명사, 혹은 사람을 의미하는 보통명사가 될 수도 있어요.

room 공간 → **a room** 방
beauty 아름다움 → **a beauty** 미인
success 성공 → **a success** 성공한 사람

부정관사는 셀 수 있는 보통명사 앞에 붙는 것이기 때문에 추상명사 앞에 붙이는 순간 그 단어의 '추상성'은 사라지게 됩니다. 예를 들자면,

Would you do me a favor?

부탁 좀 들어 주시겠어요?

위 favor는 '호의'라는 의미의 추상명사이지만 관사 a를 붙임으로써 구체적인 행동에 해당하는 보통명사로 바뀐 것입니다. 한국인의 사고로는 '구체적인 행동'이 여전히 셀 수 없는 추상명사처럼 느껴지지만 원어민들은 그것을 셀 수 있는 하나의 사건처럼 느끼기 때문에 그들에겐 보통명사가 됩니다. 영어에서 가장 어려운 부분은 바로 이와 같은 단어에 대한 인식의 차이라고 할 수 있지요. 이 부분은 다음 장 '관사'편에서 보다 자세히 다루고 있습니다.

❸ 물질명사

1) 항상 단수 취급

water(물), salt(소금), sand(모래), bread(빵), chalk(분필), fire(불) 등 눈에 보이긴 하지만 일정한 모양이 없는 것을 물질명사라고 합니다. 셀 수 없는 존재이기 때문에 부정관사를 사용할 수 없고 복수형도 없습니다. 항상 단수 취급합니다.

┌► 3인칭 단수 현재형 동사 사용
The bread **comes** out of the oven at 7 a.m.

빵은 오전 7시에 오븐에서 나옵니다.

┌─────────────────────────────────────┐
│   **액체, 기체, 가루는 물질명사!**   │
└─────────────────────────────────────┘

2) 물질명사 세는 법

액체류를 셀 때는 컵이나 병처럼 그것을 담을 수 있는 용기를 이용해야 합니다. 다음은 물질명사를 세는 법입니다.

a loaf of bread 빵 한 덩어리
a pinch of salt 소금 한 꼬집
two cups of coffee 커피 두 잔
three glasses of water 물 세 잔

3) 물질명사의 보통명사화

물질명사 앞에는 관사를 쓸 수 없고 복수형으로 사용할 수도 없습니다. 하지만 물질명사로 알고 있던 단어 앞에 관사가 있거나 뒤에 복수형 -s가 있다면 그것은 더 이상 물질명사가 아닌 보통명사입니다. 이렇게 만들어진 명사는 어떤 제품을 의미하거나 구체적인 사건을 의미하기도 합니다. 관사는 어순의 원리상 명사보다 앞에 오기 때문에 먼저 눈에 들어오게 되는데, 이때 이미 머릿속에선 보통명사를 받아들일 준비가 되어 있어야 합니다.

many wines 많은 종류의 와인들 (와인으로 구성된 제품의 종류)
glasses 안경 (유리로 만들어진 제품, 렌즈가 2개이므로 복수형)

a glass 유리잔 (유리로 만들어진 하나의 잔)

an iron 다리미 (쇠로 만든 제품)

a fire 화재 사건 (하나의 사건)

❹ 고유명사

1) 하나밖에 없는 것

고유명사라 함은 사람이나 대체불가한 사물을 다른 유사의 존재와 구별하기 위해 고유의 이름을 붙인 것을 의미합니다. 대표적인 고유명사는 사람 이름, 국가명처럼 하나밖에 없는 존재의 명칭입니다.

Korea, Jack, Paris, Sunday, Christmas, Han River…

한국, 잭, 파리, 일요일, 크리스마스, 한강…

세상에 하나밖에 없으므로 당연히 복수형은 존재하지 않으며 또한 관사를 붙이지 않고 항상 단수 취급을 합니다.

Mt. Everest is the highest in the world.

에베레스트산은 세계에서 가장 높다.

2) 보통명사화

하지만 고유명사 앞에 관사 a, an이 온다면 그것은 보통명사화되어 다른 의미를 가지게 됩니다.

A Shakespeare 셰익스피어 같은 걸출한 작가

A Beethoven 베토벤처럼 위대한 음악가

He will be **a Mozart** later. 그는 나중에 모차르트처럼 위대한 음악가가 될 거야.

또한, 제품이나 작품의 뜻을 가진 보통명사가 될 수 있습니다.

He bought **a BMW** last month.

그는 지난달에 BMW 한 대를 구매했다. (제품 개념)

She's rich enough to buy **a Picasso**
now.
그녀는 이제 피카소 그림을 살 만큼 부유하다.
(작품 개념)

사람 이름 앞에 부정관사를 붙이면 '～라고 하는 사람'의 뜻이 되고, 정관사를 붙이면 가족을 나타냅니다. 단, 이때는 뒤에 명사의 복수형 -s를 붙여야 합니다.

A Mr. Smith called you up a moment ago.
좀 전에 Smith씨라는 분에게서 전화가 왔어요.

We are planning to travel with **the Smiths**.
우린 Smith씨 가족과 함께 여행할 계획이다.

Shocking Tip!

The USA? 미국 앞에는 왜 정관사 The가 있나?

Korea, China, Japan에서 보듯 국가명은 고유명사이기 때문에 정관사 the를 붙이지 않는다.
하지만 미국은 The USA라고 표기한다.
미국은 원래 여러 개의 독립된 주들이 연방을 형성하여 만든 합중국의 개념이라서 출발 자체가 하나의 독립된 국가가 아니기 때문이다. 이러한 예는 영국이나 여러 섬으로 이루어진 필리핀의 국가명에서도 찾아볼 수 있다.

The USA (the United States of America)
The UK (the United Kingdom of Great Britain and Northern Ireland)
The Philippines

❺ 집합명사

family(가족), police(경찰), furniture(가구) 등 여러 개체가 모여서 집합을 이룬 명사를 '집합명사'라고 합니다.

1) 단수도 되고 복수도 되는 집합명사

집합명사 중에서도 그 집합물 자체를 하나의 집단으로 볼 때는 '단수 동사'를 쓰고, 그 속에 있는 구성원 개개인을 나타내고자 할 때는 '복수 동사'를 쓸 수 있는 단어들이 있습니다.

My family **is** large. 우리는 대가족이다.

My family **are** large. 우리 식구들은 모두 체격이 크다.

> 단수, 복수 모두 가능한 집합명사
> **family**(가족), **class**(학급), **people**(민족) …

2) 복수 동사를 사용하는 집합명사

그리고 police(경찰들)처럼 형태는 단수 명사이지만 복수 동사를 사용하는 집합명사들도 있습니다. 하나의 집단으로 묶긴 했지만 한 덩어리로 보지 않고 그 속의 구성원들을 중시하는 단어라고 생각하면 됩니다.

Police **are** going to take him away to prison.
경찰은 그를 교도소로 압송할 것이다.

People **are** enjoying the nice weather.
사람들은 맑은 날씨를 즐기고 있다.

> 단수 형태이지만 복수 취급하는 집합명사
> **police**(경찰들), **people**(사람들) …

3) 단수 동사를 사용하는 집합명사

furniture(가구들)처럼 집합명사이지만 단수 취급하며 단수 동사를 사용하는 집합명사들도 있습니다. 이런 종류의 집합명사에서 주의할 점은 부정관사 a를 붙여서는 안 된다는 것과 많은 수량을 표현할 때 much를 사용한다는 점입니다. furniture류의 집합명사를 셀 때는 piece 같은 양사를 사용합니다.

He has designed **much** furniture.
그는 많은 가구를 디자인했다.

How many **pieces of** luggage do you have?
짐이 얼마나 되시죠?

> 단수 취급하는 집합명사
> **furniture**(가구), **luggage**(짐), **baggage**(짐) …

Shocking Tip!

왜 원어민들은 furniture를 세지 못할까?

자동차는 셀 수 있는데 가구는 셀 수 없다?
하지만 따져보면 자동차와 가구는 다를 바가 없다.
Cars는 trucks, sedans, vans, buses 등 셀 수 있는 보통명사의 전체를 대표하는 명칭이며, Furniture 역시 마찬가지로 chairs, desks, tables, drawers 등 셀 수 있는 보통명사의 전체를 대표하는 명칭이다.

그렇지만 자동차는 cars(자동차들)로 복수형을 사용할 수 있는 반면에 가구는 furnitures로 쓸 수 없으며, 셀 수 없다는 점을 억지로 강조하기 위해 '가구류' 정도로 해석하고 있다.
하지만 사실은 의자를 보고 가구라고 하는 것과 트럭을 보고 자동차(a car)라고 하는 것과의 차이점을 구별하기 힘든 것이 사실이다. 원어민들도 그 이유를 설명하라면 제대로 하지 못한다. 영단어는 인식의 문제뿐만 아니라 어원에 따른 역사성, 습관성도 대단히 강력하기 때문이다. 안타깝지만 furniture는 셀 수 없는 것으로 그냥 기억해 두는 편이 차라리 속 편하다.

명사는 이처럼 크게 다섯 가지 종류로 분류할 수 있는데 가장 중요한 것은 결국 '셀 수 있느냐 없냐' 입니다. 바로 이 가산성의 여부에 따라 단어의 속성이 정해지고 관사의 여부가 정해집니다. 특히 관사는 한국어에는 없는 영어의 특성이기 때문에 우리나라 사람들에겐 가장 난해한 파트라고 할 수 있습니다. 그리고 관사는 명사에 따라 정해지므로 명사를 어떻게 인식하느냐의 문제가 관사 선택에 절대적인 기준이 됩니다. 글을 읽을 때 관사와 명사를 함께 보는 습관을 꼭 가져 보시기 바랍니다.

01 A grateful heart is a magnet for miracles. [O | X]
감사하는 마음은 기적을 일으키는 자석이다.

02 There are some [water | books] in the fridge.
냉장고 안에 OO이 좀 들어있다.

03 I shouldn't have seen the [photos | photoes] from her childhood.
그녀의 어린 시절 사진을 보지 말았어야 했다.

04 I have a wife and three childs. [O | X]
나는 아내와 세 명의 아이들이 있다.

05 [Korean | Koreans] are the most dynamic people in the world.
한국인들은 세상에서 가장 역동적인 사람들이다.

06 Fish [live | lives] in water.
물고기는 물에 산다.

07 I feel refreshed after taking a bath. [O | X]
목욕을 하고 나니 기분이 상쾌하다.

08 The house upstairs is making too much [noise | noisy].
윗집에서 너무 시끄럽게 군다.

---

answers

1. O   **2.** books   **3.** photos   **4.** X   **5.** Koreans   **6.** live   **7.** O   **8.** noise

09 Give it [to try | a try], it'll really work.
한번 시도해 봐, 정말 효과가 있을 거야.

10 [Working hard | Hard work] makes me stronger.
힘든 일은 나를 더욱 강하게 만들지.

11 The police [is | are] chasing a parking suspect.
경찰들이 주차위반 용의자를 뒤쫓고 있다.

12 Our school needs more [woman | women] teachers.
우리 학교는 더 많은 여자 선생님들이 필요해요.

13 Two [mouses | mice] are bothering the cat.
쥐 두 마리가 고양이를 괴롭히고 있어요.

14 How [many | much] bread did you eat?
빵을 얼마나 먹은 거야?

15 My uncle told me [blood | a blood] is redder than water.
삼촌이 내게 피는 물보다 더 빨갛다고 말했다.

answers

9. a try **10**. Hard work **11**. are **12**. women **13**. mice **14**. much **15**. blood

05

관사

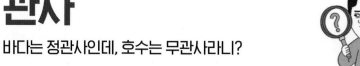

05 관사

바다는 정관사인데, 호수는 무관사라니?

❶ 관사의 종류

관사는 정관사(the)와 부정관사(a/an) 두 종류 밖에 없습니다. 하지만 그럼에도 불구하고 관사는 영문법 중에서 가장 어려운 파트라고 할 수 있지요.

1) 관사의 역할

관사는 오직 명사와 관련이 있습니다. 관사가 8품사에 속하지 않는 이유는 자체의 뜻이 없기 때문입니다. 오로지 명사의 근본적인 속성을 표시해 주는 역할만 할 뿐입니다. 앞서 말한 것, 유명한 것, 유일한 것 따위에는 정관사 the를 붙이고, 구체적으로 지적하지는 않지만 셀 수 있는 단수의 명사 앞에는 부정관사 a를 붙입니다. (단, 명사의 첫소리가 모음일 때는 an)

> 관사는 명사의 근본적인 속성을 표시해 주는 역할을 한다.

2) 관사 사용의 핵심

영문법 중에서도 관사가 특히 어렵게 느껴지는 이유는 우리말에는 관사가 없기 때문입니다. 아무리 관사의 규칙을 잘 숙지해도 계속해서 적용에 어려움이 느껴지지요. 영어 원어민들이 가지고 있는 '명사'에 대한 인식이 근본적으로 우리와 다르기 때문입니다.

관사는 결국 명사를 어떻게 인식하는지가 관건입니다. 우리는 영어로 된 명사를 인식할 때도 그 명사에 대한 이미지 자체는 본능적으로 한국어로 인식하게 됩니다. 어쩔 수 없이 사고 자체는 모국어로 하니까요.

> 관사란 결국 명사를 어떻게 인식하는지의 문제

3) 인식의 차이

예를 들어, baggage는 우리말로 '가방, 짐, 수하물'이라서 마치 셀 수 있는 단어로 느껴집니다. 하지만 원어민들은 baggage를 '짐'들이 모인 집합체 개념으로 인식합니다. 그래서 셀 수 없는 명사가 되는 것이지요.

문제는 단어마다 존재하는 이 인식의 차이를 단번에 해결할 방법이 딱히 없다는 것입니다. 시간이 다소 걸리더라도 명사를 인식하는 원어민의 사고방식을 이해하도록 해야합니다. 그래야만 관사가 자연스럽게 입에 붙을 수 있습니다. 무슨 명사에 어떤 관사가 오는지 외울 것이 아니라, 왜 그 관사가 오는지를 이해해야 합니다.

4) 인식의 차이의 해결

사실상 관사가 어려운 것이 아니라 명사가 문제의 근원입니다. 나의 생각과는 다른 이상한 조합의 관사(무관사 포함)와 명사를 발견한다면 그 명사에 대한 나의 인식이 원어민의 그것과 다르다는 것이지요. 그런 조합들을 발견할 때마다 그 명사에 대해 다시 한번 자세히 알아보고 고민해 보다 보면 언젠가는 명사 앞의 관사를 보다 자연스럽게 구사하게 될 수 있습니다. 다음에 나오는 관사의 기본 지식들을 잘 숙지하고 적용하는 연습도 많은 도움이 됩니다.

Shocking Tip!

관사는 언제부터 사용했을까?

천 년 전만해도 영어에는 지금과 같은 관사가 존재하지 않았다. 시간이 지나면서 관사가 필요했던 것. 고대의 영국은 중세에 이르기까지 로마제국, 게르만족, 노르만족, 그리고 프랑스로부터 끊임없이 침략당하고 교류하는 과정에서 언어의 부침이 더욱 심해졌다. 특히 상거래를 하며 수량에 대한 확실한 개념 정리가 필요하게 되었고, 분명한 정보 전달과 실용적인 소통의 목적에서 어떤 추가적인 장치를 필요로 하게 되었는데 그 역할을 하는 것이 바로 '관사'였던 것.
거래를 할 때는 한 개의 기본 단위가 중요하고, 또 어떤 물건을 의미하는지 명확히 정할 필요가 있었기 때문에 관사라는 존재가 생겨나게 된 것은 영어의 역사에 있어서는 어쩌면 필연적인 결과일 수도 있다. 어원상 an은 one(하나)에서 나왔고, the는 that과 관련이 있다.

❷ 관사 규칙

이제 본격적으로 관사를 언제 쓰고 언제 안 쓰는지, 어떤 명사에 어떤 관사를 쓰는지 알아봅니다. 명사 앞 관사의 기본적인 규칙은 다음과 같습니다. 부정관사를 쓰거나, 정관사를 쓰거나, 혹은 아무런 관사를 쓰지 않는 것입니다.

1) 부정관사 a를 사용하는 경우

① 단수 가산명사 앞

명사가 box나 book처럼 셀 수 있는 가산명사이고 단수일 경우 부정관사 a를 명사 앞에 붙입니다.

I found a box on the street.

길에서 상자 하나를 발견했다.

단, 명사의 첫 소리가 모음인 경우 부정관사는 발음의 편의상 an이 됩니다.

an apple, an orange, an Indian, an elephant

There was **a** sour orange in the box.
상자 속에는 신 오렌지 하나가 들어 있었다.

a sour(신) orange(오렌지)의 경우, 관사 a가 형용사인 sour 앞에 위치해 있지만 그것의 존재 이유는 sour와는 전혀 상관이 없어요. 오직 orange 때문에 관사가 온 것입니다. 다만, sour가 모음으로 시작하지 않으니 당연히 철자는 a로 바뀌어야겠지요?

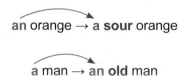

an orange → **a sour** orange

a man → **an old** man

2) 정관사 the를 사용하는 경우

① 다시 언급할 때

앞서 말한 명사를 다시 언급할 경우 부정관사 a는 정관사 the로 바뀝니다. 부정관사의 '부정'은 정해지지 않은 것을 의미하고 정관사의 '정'은 정해진 것이기 때문이지요.

I saw a humidifier at the mall yesterday.

어제 쇼핑몰에서 가습기를 봤어요.

Now I'm on my way out to buy the humidifier.

지금 그 가습기를 사러 나가는 길이야.

② 특정한 단어를 언급할 때

앞서 언급하지 않았더라도 유일하거나, 대단히 유명하거나, 어떤 고유한 이유를 가진 특정 단어를 언급할 때는 the를 붙입니다.

The pyramid is a very interesting building.

피라미드는 매우 흥미로운 건축물이다.

It reminded me of the one that I had eaten when I was young.

그것은 내가 어릴 때 먹어 보았던 그 맛을 떠올리게 했다.

③ 보편적 인지의 대상

대화의 상대가 서로 알고 있거나 굳이 부연 설명하지 않아도 될 만큼 쉽게 인지할 수 있는 대상이라면 처음 언급할 때에도 the를 붙일 수 있습니다.

➤ 처음 언급하지만 서로 알만한 mall

I saw a humidifier at the mall yesterday.

어제 쇼핑몰에서 가습기를 봤어요.

④ 형용사의 최상급 앞

Alex is the best player on the team.

Alex는 팀 내 최고의 선수이다.

⑤ 서수, 특정 수식어 앞

순서를 나타내는 서수 앞에 the를 붙입니다.

Joe Biden is the 46th president of the United States.

조 바이든은 미국의 46대 대통령이다.

명사 앞에 same, only, last, very 등의 수식어가 있으면 그 앞에 the를 붙입니다.

He wears the same watch as I do.

그는 나와 같은 시계를 차고 있다.

⑥ 가산, 불가산과 무관

그리고 정관사 the는 가산, 불가산의 여부와 무관합니다.

The trust between us is strong.

우리 사이의 신뢰는 굳건하다.

I still remember the taste of it.

나는 아직도 그 맛을 기억하고 있다.

⑦ 'the + 형용사' 형식의 명사

형용사 앞에 the를 붙여 아래와 같이 명사를 만들 수 있어요.

The poor are suffering from high prices. (복수 보통명사: 가난한 사람들)

가난한 사람들은 높은 물가로 고통받고 있다.

The deceased will be buried in the National Cemetery. (단수 명사: 고인)

고인은 국립묘지에 안장될 것입니다.

The good is worth doing, because it's good. (추상명사: 선)

선은 행할 가치가 있다, 왜냐하면 선하니까.

3) 무관사의 경우

① 고유명사

고유명사는 유일한 것이기 때문에 무관사가 원칙입니다.

Though it wasn't Sunkist's product, it was the best.

썬키스트 제품은 아니었지만 정말 최고였다.

Can we land on the surface of Jupiter?

목성의 표면에 착륙할 수 있을까?

② 특정 단어

어떤 단어들은 오랫동안 이어져 온 관습에 의해 무관사를 사용하기도 합니다. 비원어민들로서는 가장 난감한 부분이기도 합니다. 그래도 나름 이유를 찾아보면 어느 정도 감을 잡을 수 있으니 무관사 단어들을 만나게 되면 항상 숙지하도록 합니다.

I like baseball the most among sports.

난 스포츠 중에 야구가 제일 좋아.

위 예문에서 보듯 baseball은 무관사입니다. 이는 '야구(baseball)'이라는 단어에 대해 사람마다 가지고 있는 이미지가 각자 다르기 때문입니다. baseball이 가지고 있는 대표성은 알고 있지만 그 속에 들어있는 각자 다르게 떠올리는 수많은 이미지들 때문에 the로 특정하지 않는 습성이 반영된 것이 아닌가 합니다. 같은 이유로 식사명 역시 무관사입니다. breakfast는 누구나 먹는 아침 식사이지만 나라마다, 사람마다 먹는 음식이나 형태, 느낌이 모두 다르지요. the로 특정하지 않습니다.

무관사가 적용되는 대표적인 단어들은 다음과 같습니다.

- 운동 경기: baseball, football, hockey…
- 세끼 식사: breakfast, lunch, dinner…
- 교통 수단: (by 뒤에 무관사) bus, train, plane, boat…

❸ 관사 학습법

지금까지 관사의 기본 규칙에 대해서 살펴보았습니다. 하지만 위 내용을 모두 숙지하고 있다고 해도 막상 명사를 만나면 그것이 가산인지, 불가산인지, 특정한 것인지 아닌지 순간적으로 판단하기가 결코 쉽지 않지요. 게다가 '특정한 단어'의 기준이 무엇인지 명확하게 정의하기도 어렵습니다.

원어민들은 자기들의 언어로 된 명사를 모국어로 느끼는 대로 관사를 붙이는 터라 관사의 규칙을 의식할 필요가 없지요. 거의 틀리지도 않습니다. 우리는 외국어를 학습하는 입장에서 어쩔 수 없이 분석을 통해 그 기준을 이해할 수밖에 없습니다.

> **원어민의 관사 개념에 최대한 가까워져야 한다.**

1) 원어민의 관사 개념

관사를 제대로 이해하기 위해 명사에 대한 원어민의 의식 구조를 살펴보도록 하겠습니다.

① There is **a bird** on the road.

도로에 새 한 마리가 있다.

② There are **many birds** on the road.

도로에 많은 새들이 있다.

③ There is **much bird** on the road.

새는 가산명사이기 때문에 위 ①, ②의 문장은 올바르지만, ③번은 틀린 문법이지요. 하지만 원어민들의 시각에서는 ③번도 가능한 표현입니다. 그들은 bird 앞에 관사가 빠졌으니 비문이라고 생각하기 보다는 다른 단어의 느낌으로 받아들입니다.

즉, ③번 문장의 새는 관사 a가 없기 때문에 '한 마리의 새'로 볼 수 있는 상태가 아니라 '물질의 상태로 흩어져 셀 수 없는 느낌'입니다. 그래서 much bird를 쓸 수 있는 것이지요. 관사의 유무만으로 지저귀는 새와, 참혹한 상태의 새가 대비를 이룰 수 있습니다. 만약 차에 치였더라도 온전한 상태로 보인다면 a bird를 사용합니다.

> **있어야 할 관사가 없다면 그 명사는 다른 상태로 변한 것이다!**

사과 역시 셀 수 있는 대표적인 보통명사입니다.

① There is **apple** in the juice.

② There is **an apple** in the juice.

하지만 ①번 문장에서는 apple을 무관사로 사용하고 있습니다.

그 이유는 주스 속에 들어있는 사과가 보이지 않게 갈아져 있기 때문입니다.
→ apple (사과라는 물질, 재료)

반면에 ②번 문장은 주스 속에 사과 한 알이 통째로 들어있다는 뜻입니다. → an apple

①  ②

펜(pen)과 분필(chalk)을 한번 비교해 볼까요?

Pen**s** are more economical than chalk.
펜은 분필보다 더 경제적이다.

예문에서 보듯 pen은 가산명사이지만 chalk는 불가산명사로서 무관사입니다.

얼추 비슷한 형태와 기능을 가진 두 물건의 가산성이 왜 서로 다를까요?
이 두 가지 물건을 부러뜨려 보면 그 차이점에 대한 답이 나옵니다.

망가진 pen은 이제 쓸 수 없으니 더 이상 온전한 하나의 펜(a pen)이라고 할 수 없습니다.

하지만, chalk는 부러져도 여전히 chalk입니다. 모양은 변했지만 속성은 변함이 없지요.

chalk 자체가 물질이기 때문입니다.

이런 물질명사에는 관사를 붙이지 않습니다. 특정한 하나의 모습을 갖추고 있지 않기 때문이지요. 설탕, 소금, 모래, 물, 커피, 우유도 마찬가지입니다. 일정한 모양도 없고 셀 수도 없습니다. 모두 관사 없이 사용하는 물질명사입니다.

Shocking Tip!

a coffee 어떻게 가능할까?

I'm gonna get a coffee.
나 커피 한 잔 해야겠어.

분명히 커피도 물질명사인데 어떻게 a가 붙을 수 있을까?
셀 수 없는 물질명사에 관사 a를 붙여서 셀 수 있는 명사로 만들었기 때문이다. 엄격한 어법 규칙의 관점에서만 본다면 비문이지만, 어법이라는 것은 적용되는 방법을 규칙으로 정리한 것이기 때문에 활용의 예에서 새로운 규칙을 찾아낼 수도 있는 법. 그리고 기존의 규칙에 반하는 것이 아니라면 뭔가 색다른 개념이 존재할 것이라는 전향적 사고가 필요하다.
셀 수 없는 커피를 셀 수 있게 만든다? 그렇다면 한 잔의 커피? 이런 의식의 흐름으로 보통명사화 시킬 수 있어야 한다는 것.
물질명사에 관사를 못 붙이는 것도 맞지만, 이처럼 붙이게 될 경우 보통명사로 바뀔 수도 있다는 것에 주목해야 한다.

01 A: What's [   ] best part of my face?
　　내 얼굴에서 어디가 제일 괜찮아?

　　B: The mask.
　　마스크...

02 I have stayed there about half [a | an] hour.
　　나는 약 삼십분 정도 그곳에 머물렀다.

03 We usually play [   ] basketball after school.
　　우리는 방과 후에 주로 농구를 한다.

04 You can see [   ] Mercury with this telescope.
　　이 망원경으로 수성을 볼 수 있어.

05 I hope you'll have [   ] good time at the party.
　　파티에서 즐거운 시간 보내길 바라.

06 [   ] umbrella at the front door is mine.
　　현관에 있는 우산 제거예요.

07 [   ] sun sets in [   ] west.
　　태양은 서쪽으로 진다.

08 What do you usually eat for [   ] lunch?
　　점심때 주로 뭐 먹니?

answers

1. the　2. an　3. X　4. X　5. a　6. The　7. The, the　8. X

09 She always thinks of [   ] sick.
그녀는 항상 아픈 사람들을 생각한다.

10 It is [   ] useful dictionary.
이것은 유용한 사전이다.

11 My dream is to be [   ] famous chef.
나의 꿈은 유명한 요리사가 되는 것이다.

12 I usually go to work by [   ] bus.
나는 주로 버스를 타고 출근한다.

13 [   ] second way to get there quickly is to take the subway.
그곳에 빨리 가는 두 번째 방법은 지하철을 타는 것이다.

14 Alex is [   ] only friend I can trust.
Alex는 내가 믿을 수 있는 유일한 친구이다.

15 A: What was the highest mountain before [   ] Mt. Everest was
discovered?
에베레스트산이 발견되기 전에 가장 높았던 산은 무엇일까?
B: It was [   ] Mt. Everest. It just was undiscovered.
에베레스트산이지. 단지 발견이 안되었을 뿐.

answers

9. the   **10**. a   **11**. a   **12**. X   **13**. The   **14**. the   **15**. X, X

06
전치사

06 전치사

언제나 명사 앞에 위치해서 이름도 전치사

❶ 전치사의 정의와 역할

1) 정의

전치사는 영어(preposition)의 의미를 그대로 한자로 표현한 대표적인 단어입니다. 앞에 위치한다는 뜻을 가지고 있지요.

$$\text{preposition} = \underset{\text{앞에}}{\text{pre}} + \underset{\text{두다}}{\text{pos(e)}} + \underset{\text{명사형 접미어}}{\text{(i)tion}}$$

모두 합해 보면 전치사란 앞에 위치하는 단어를 의미하는데 그렇다면 '무엇'의 '앞'일까요? 바로 '명사'의 앞입니다. 전치사는 오로지 명사 앞에만 위치하며 명사가 없이는 존재할 수 없는 단어입니다.

> 전치사는 오로지 명사 앞에만 위치한다.

2) 역할

전치사는 뒤에 나오는 명사와 팀을 이루어 문장 내에서 형용사나 부사의 역할을 합니다. 전치사와 명사의 조합을 **'전명구'**(전치사 + 명사)라고 합니다. 이 전명구는 전치사와 마찬가지로 문장 내에서 두 가지 역할을 할 수 있습니다.

첫째, **형용사 역할**입니다. 다른 명사를 꾸며주거나 형용사의 자격으로 문장 내에서 보어 역할을 합니다.

형용사 역할(후치 수식)
The clock **on the wall** is **behind time**. 벽에 걸린 저 시계는 느리다.
주격보어

위 문장에서 밑줄 친 <u>on the wall</u>은 전치사(on) + 명사(the wall) 구조를 가진 전명구입니다. 앞에 위치한 명사 the clock을 꾸며주는 형용사 역할을 하지요.

The clock on the wall

시계 벽에 걸린 시계(명사)를 꾸며주는 형용사 역할

위의 <u>behind time</u>은 전치사(behind) + 명사(time) 구조를 가진 전명구입니다. '시간의 뒤에 있는' → '시간에 뒤처진', 즉, '느린'의 뜻을 가진 형용사이지요. 문장에서 '보어'의 역할을 담당하고 있습니다.

둘째, 전명구의 또 다른 기능은 **부사 역할**입니다. 동사의 방향이나 속성을 추가적으로 알려주는 부사의 역할을 할 수 있지요.

I went **to the station** to see John.

나는 John을 만나러 역에 갔다.

여기서 to the station은 내가 간 방향을 나타내어 주는 부사입니다. '~(어디)로'의 의미를 가지고 있기 때문이지요. 동사 went와 연관이 있으므로 '동사'를 수식하는 것은 '부사'라는 개념으로 이해해도 좋습니다. 뒤에 나오는 to see의 경우에는 see가 동사이기 때문에 to는 전치사가 아닙니다. to부정사의 to이며, [제10장 부정사]편에서 다루고 있습니다.

그리고 전명구는 같은 모양으로 보이지만 아래와 같이 무엇을 수식하는지에 따라 그 용법이 달라집니다.

① Cats **on the roof** are all asleep. 형용사 용법 (명사 cats를 수식)

지붕 위의 고양이들이 모두 잠들어 있다.

② Cats are sleeping **on the roof**. 부사 용법 (동사가 행해지는 장소)

고양이들이 지붕 위에서 잠자고 있다.

> '전치사 + 명사'는 전명구라고 한다.
> 전명구가 명사를 수식할 때는 형용사 역할이다.
> 전명구가 동사의 방향이나 속성을 알려줄 때는 부사 역할이다.

❷ 전치사의 형태

전치사는 그 형태에 따라 세 가지로 나눌 수 있습니다.

1) 하나의 단어로 이루어진 전치사

① Jack gave a present **to** Jane.

Jack은 Jane에게 선물을 주었다.

② I'll be back **in** five minutes.

5분 후에 돌아올 거야.

③ We are going to stay **at** the hotel Hilton.

우리는 힐튼호텔에 묵을 예정이야.

2) 여러 개의 단어로 이루어진 구전치사

① **According to** Jack, they had fun.

Jack에 따르면 그들은 재미있었대.

② Gas prices skyrocketed **due to** the war.

전쟁 때문에 휘발유 가격이 폭등했다.

③ **In spite of** his age, he wants to run.

나이에도 불구하고 그는 달리고 싶어 한다.

3) 분사의 형태로 이루어진 전치사

① It's 11 dollars **including** tax.

세금을 포함해서 11달러입니다.

② She became the leader **following** the king's death.

왕의 사망 후 그녀는 지도자가 되었다.

③ **Considering** his age, it's not easy for him to win.

나이를 감안해 볼 때, 그가 우승하기는 쉽지 않다.

❸ 반드시 알아야 할 기본 전치사들

1) at

① at은 주소나 어느 한 지점을 나타낼 때 사용합니다. 장소를 나타내는 다른 전치사들에 비해 좀 더 구체적인 느낌을 주지요.

I first met her **at** the subway station.

나는 그녀를 지하철 역에서 처음 만났다.

② 어떤 '점(spot)'을 향하는 느낌을 가지고 있으므로 방향이나 목표를 나타낼 때 사용합니다.

I threw the ball **at** him.

그를 겨냥해서 공을 던졌다.

VS

I threw the ball **to** him.

그에게 공을 던져 주었다.

③ 비교적 짧은 시간이나 특정한 시간을 표현할 때도 사용하지요.

I met her at lunch time.

점심시간에 그녀를 만났어.

She goes to work at 8 o'clock sharp.

그녀는 8시 정각에 출근한다.

Shocking Tip!

왜 night 앞에만 at을 쓸까?

in the morning (오전에), in the afternoon (오후에), in the evening (저녁에) 모두 in을 사용하지만 유독 night은 주로 at night이라고 표현한다. 그 이유는 night을 잠을 자는 특정한 시간으로 인식하기 때문이다. 다른 시간대에는 활동을 하기 때문에 여러 가지 일들로 채워지는 반면, 밤은 잠을 자고 나면 지나가버리기 때문에 느낌상 짧고 특별한 시간으로 인식된다. 하지만 이때 at night이 아니라 in the night을 쓰게 되면 그런 밤의 이미지가 바뀌면서 어떤 일이 긴 시간 동안에 발생한 느낌을 줄 수 있다.

I sleep well at **night. (일반적인 이미지의 밤)**
나는 밤에 잘 잔다.

He didn't make it in the **night. (특별한 사건)**
그날 밤 그는 살아남지 못했다.

2) by

① by의 대표적인 의미는 '행위자'를 나타내는 것이지요. '~에 의하여'의 뜻을 가집니다.

The fire was committed by an arsonist.

그 화재는 어느 방화범에 의하여 일어났다.

② '~로'의 뜻으로 수단을 나타내는 전치사로 사용됩니다.

The medicine is transported by plane.

그 약은 비행기로 공수된다.

③ '~ 옆에'의 뜻으로 위치를 나타냅니다.

A sparrow is sitting by the window.

참새 한 마리가 창가에 앉아있다.

④ '~까지'의 뜻으로 마감 시한을 나타냅니다.

I have to submit a report by tomorrow.

내일까지 보고서를 제출해야 해.

3) for

① for의 대표적인 의미는 '~을 위하여' 입니다. '목적'을 나타내지요.

He sang a lovely song for me.

그는 나를 위해 아름다운 노래를 불러주었다.

② '~때문에'의 뜻으로 감정의 이유를 나타냅니다.

We are grateful for your support.

여러분의 지지에 감사드립니다.

③ '기간'을 나타내며 특히 수치가 동반될 때 사용합니다.

I have stayed in London for 3 months.

런던에 세 달 동안 머물렀다.

④ '~에 찬성하는'의 뜻으로도 사용합니다.

Are you for or against the decision?

그 결정에 찬성이야 반대야?

4) from

① '~로 부터'의 뜻을 가진 전치사이며 from 다음에 오는 명사가 그 출발점, 출처가 됩니다.

Their business flourished from the beginning.

그들의 사업은 처음부터 번창했다.

I am from Korea.

나는 한국 사람입니다.

② '~때문에'의 뜻으로 원인이나 이유를 나타냅니다. for의 기능과 비슷하지만 무조건 교차해서 사용할 수 있는 것은 아니에요. from 전치사구를 많이 접함으로써 익숙해지는 수밖에 없어요.

I'm feeling sick from seasickness.

뱃멀미 때문에 몸이 안 좋아.

③ 차이를 구별하거나 판단의 근거를 나타낼 때 사용합니다.

I can tell from his accent.

그 사람 억양을 보면 알 수 있어요.

5) in

① in이 장소 앞에 사용될 때는 '~의 안에'의 뜻을 가지고 있어요.

He was born in a small town.

그는 작은 마을에서 태어났다.

② 시간을 나타낼 때는 at보다 좀 더 큰 범위를 나타내지요.

Alice wakes up early in the morning.

Alice는 아침에 일찍 일어난다.

③ 특히 년, 월, 계절을 나타낼 때 사용합니다.

Korea was liberated in 1945.

한국은 1945년에 해방되었다.

I'm going to move out in March.

나는 3월에 이사를 갈 예정이다.

Snakes hibernate in winter.

뱀은 겨울에 동면을 한다.

④ 시간의 경과를 나타낼 때 in을 사용하면 '～후에'라는 뜻입니다.

I'll pay you back in a month.

한 달 뒤에 갚을게.

⑤ 착용의 의미로 in을 사용하면 '～을 입은(신은, 쓴)'의 뜻입니다.

Look at the woman in high heels.

하이힐을 신은 저 여자를 봐.

⑥ 그 외에도 in은 다양한 의미의 전치사로 사용되지만 어떤 상태나 물리적 공간의 내부에 들어있는 느낌을 내포하고 있습니다.

We are helping people in need.

우리는 어려움에 처한 사람들을 돕고 있어요.

He became a big shot in the field.

그는 그 분야의 거물이 되었다.

Would you speak in English?

영어로 말씀해 주시겠어요?

6) of

① of는 전치사 중에서도 가장 많이 사용되는 전치사입니다. 기본적으로 소유 관계를 표시 하는 역할을 하지요. 일반적으로 'A of B'의 경우 우리말 해석으로는 'B의 A' 즉, A의 소 유자는 B임을 나타냅니다.

This is **the bag** of **mine**. 이것은 나의 가방입니다.
　　　　　　 A　　　　 B

여기서 A of B는 아래와 같이 크게 4가지의 격으로 나눌 수 있습니다. 같은 of라고 생각하 지 말고 문맥에 맞추어 해석을 해야 합니다.

This is **the picture** of **Jack.**

소유격	주격	목적격	동격
Jack이 소유한 그림	Jack이 그린 그림	Jack을 그린 그림	Jack이라는 이름의 그림

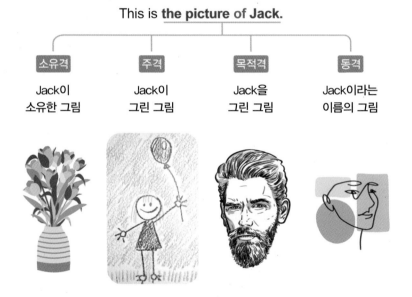

② 재료를 나타낼 때 of를 사용합니다.

재료를 의미
This chair is made **of** **wood**.
이 의자는 목재로 만들었다.

③ of가 추상명사를 동반하면 그 속성을 지닌 형용사가 됩니다.

of beauty = beautiful 아름다운
of use = useful 유용한
of wisdom = wise 현명한

7) on

① on은 주로 '~위에'라는 의미로 인식되어 있지만 그보다는 '~에' 붙어있거나 닿아있는 이미지를 가진 전치사입니다.

There is a picture on the wall. (붙어있음)

벽에 그림이 있다.

위 문장은 그림이 벽 위에 있는 것이 아니라 벽에 붙어있다는 것을 의미합니다.

How come the bracelet is on your ankle? (닿아있음)

팔찌가 왜 발목에 있어?

When did it slip down again?

언제 또 흘러내렸지?

위 문장은 팔찌가 발목에 닿아있는 상태를 묘사하고 있습니다. 그렇기 때문에 on과 반대의 의미를 가진 전치사는 off라고 할 수 있어요.

> **on** (~에 붙어있다) ↔ **off** (~으로부터 떨어져 있다)

② 날짜와 요일, 특별한 날을 나타낼 때 사용합니다.

The meeting will be held on July 4th.

회담은 7월 4일에 열릴 예정이다.

The shop closes on Sundays.

그 가게는 일요일에 쉰다.

What do you do on Christmas day?

크리스마스에 주로 뭐해?

③ 특정한 수단을 나타낼 때 사용합니다.

I explored the street on foot.

나는 걸어서 그 거리를 탐험했다.

④ 어떤 일이 진행 중일 때 on을 사용합니다.

on air 방송 중

on sale 세일 중

on the way home 집에 오는 길에

8) to

① to가 명사 앞에 오면, 그 명사 쪽으로 향하고 있다는 이미지를 떠올려야 합니다.
('～로'의 의미)

I took the last train to Busan.

부산행 막차를 탔다.

② 또한 그 명사가 목적지이므로 '～까지'의 의미도 가지게 되지요.

I walked with her to the station.

역까지 그녀와 함께 걸어갔다.

③ to 뒤의 명사를 향해 진행되는 것이기 때문에 상태가 변화하는 것에 사용합니다.

The trees were burned to ashes.

나무들이 타서 재가 되었다.

④ to 뒤의 명사에 맞추어 행동이 따르는 관계를 나타낼 수 있어요.

They danced together to the music.

그들은 음악에 맞추어 함께 춤을 추었다.

⑤ 감정명사와 결합하면 '~하게도'라는 뜻으로 해석합니다.

To my surprise, I won the first place.

놀랍게도 내가 1등을 했다.

9) with

① with는 '~와 함께'의 뜻을 가진 대표적인 전치사입니다.

Take this medicine **with** water.

이 약을 물과 함께 드세요.

② 'A with B'는 'B를 가진 A'처럼 소유의 관계로 해석할 수 있어요.

I'm raising a dog **with** curly fur.

곱슬거리는 털을 가진 개를 키우고 있어요.

Can I have a room **with** a nice view?

멋진 전망을 가진 방으로 부탁해도 될까요?

③ 수단이나 도구, 재료의 의미로 사용할 수 있어요.

You can eat sushi **with** your hands.

스시는 손으로 먹어도 된다.

The summit of Matterhorn is covered **with** snow.

마테호른 정상은 눈으로 덮여 있다.

④ 동시에 일어나는 상황을 나타낼 수도 있어요.

He was sleeping with his arms folded.

그는 팔짱을 낀 채 자고 있었다.

10) 기타 전치사들

그 외에도 많은 전치사들이 있습니다. 다양한 전치사를 활용하면 문장을 보다 더 정밀하게 표현할 수 있답니다.

about ～에 관한

This is a story about traveling to the moon.

이것은 달나라 여행에 관한 이야기야.

above ～위에

There are three more people above me.

제 위로 3명이 더 있어요.

across ～가로질러 / ～맞은 편에

A group of wild boars ran across the road.

멧돼지 무리가 도로를 가로질러 달려갔다.

after ～뒤에

After getting married, they became happier.

결혼 후에 그들은 더욱 행복해졌다.

along ～을 따라

They walked along the beach silently.

그들은 말없이 해변을 따라 걸었다.

as ～로서

She was present **as** a witness to the incident.

그녀는 사건의 목격자로서 참석했다.

among ～사이에 (셋 이상일 때 사용)

He was the smartest **among** his friends.

그는 친구들 사이에서 제일 머리가 좋았다.

before ～앞에

Many opportunities lie **before** you.

많은 기회들이 네 앞에 놓여 있다.

behind ～뒤에

Walk close **behind** me.

내 뒤에 붙어서 따라 와.

below ～아래에

The water freezes when it goes **below** zero.

물은 영하로 내려가면 언다.

beneath ～밑에

Dig the ground **beneath** your feet.

네 발 아래 땅을 파 보거라.

between ～사이에 (둘 사이에 사용)

This is **between** you and me.

이건 너와 나 둘 사이의 일이야.

beyond ~너머

This is a question **beyond** my ability.

이건 제 능력 밖의 질문이네요.

during ~동안

I was so bored **during** the quarantine period.

격리기간 동안 나는 너무 심심했다.

except ~을(를) 제외하고는

The department store is open **except** on Mondays.

그 백화점은 월요일을 제외하고 문을 연다.

into ~안으로

The turtle swam **into** the sea.

거북이는 바다로 헤엄쳐 들어갔다.

like ~처럼

She dressed up **like** a princess.

그녀는 공주처럼 옷을 차려 입었다.

over ~위에

A: Why did you choose me **over** her?

그 애 말고 왜 나를 선택한 거야? **(그녀보다 나를 위에 둔)**

B: Because I don't like pretty girls.

난 예쁜 애들은 별로 안 좋아해서.

since ~이후로

Since 2021, Korea has become an advanced country.

2021년 이후, 한국은 선진국이 되었다.

through ～을 통해 / ～때문에

She became rich **through** hard work.

열심히 일을 해서 그녀는 부유해졌다.

under ～아래

Those **under** the age of 19 cannot watch this film.

19세 미만은 이 영화를 시청할 수 없습니다.

until ～까지

A: Have you ever lived without talking to your parents?

아빠 엄마랑 말 한마디 안 하고 산 적 있어?

B: Yeah, **until** 2 years old.

응, 2살 될 때까지.

without ～없이

A man cannot live **without** water.

사람은 물 없이 살 수 없다.

'전치사의 목적어'가 무엇인가요?

전치사 뒤에는 반드시 명사나 명사 상당어구가 온다. 그것을 전치사의 목적어라고 한다. 전치사 뒤에 동사가 오고자 한다면 모양이라도 명사처럼 바꾸고 와야 명사 상당어구로 인정받을 수 있다.
즉, 동명사가 되어야 한다는 것.

  in see (X) ➔ in seeing (O)

명사절이 전치사의 목적어가 되는 경우도 있는데 주로 what, whether가 이끄는 절이나 의문사절이다.

The book gives you an idea about what people want.
그 책은 사람들이 무엇을 원하는지 알게 해준다.

It's not a matter of whether you are rich or not.
이것은 당신이 부자냐 아니냐의 문제가 아니다.

01 This cup is made [   ] stone.
이 컵은 돌로 만들었다.

02 Never let a day pass by [   ] laughter.
하루도 웃지 않고 지나가면 안 된다. (매일 웃어라)

03 She often helps me [   ] the housework [   ] weekends.
그녀는 주말에 종종 나를 도와 집안일을 한다.

04 Everyone has arrived [   ] Jack.
Jack을 제외하고 모두 도착했다.

05 I heard Jack would be back [   ] a week.
Jack이 일주일 후에 돌아올 거라고 들었어.

06 It's not [   ] how old you are; It's [   ] how you are old.
당신이 얼마나 늙었는가에 관한 것이 아니라, 어떻게 늙었는가에 관한 것이다.

07 A: What time did you get up this morning?
B: [   ] six.
A: 오늘 아침에 몇 시에 일어났니?　B: 여섯 시에 일어났어.

08 [   ] my way home, I ran into an old classmate.
집에 오는 길에 우연히 옛 동창생을 만났다.

answers

1. of   2. without   3. with, on   4. except   5. in   6. about, about   7. At   8. On

09 I haven't seen her [　　] we broke up.
우리가 헤어진 이후로 나는 그녀를 본적이 없다.

10 I've been [　　] pressure from my boss lately.
최근에 상사로부터 압력을 받고 있어요.

11 I read an interesting novel [　　] the vacation.
나는 휴가 기간 동안 재미있는 소설을 하나 읽었다

12 A: How would you like your coffee?
B: I prefer coffee [　　] milk.
A: 커피 어떻게 해 줄까?　B: 난 커피에 우유 탄 거 좋아해.

13 A: What you're doing now has to be finished [　] 8 p.m.
B: Then, do I have to work [　　] then?
A: 지금 하는 일 저녁 8시까지 끝내야만 해.　B: 그럼, 그때까지 일해야 하나요?

14 She was very popular [　　] her peers.
그녀는 동기들 사이에서 인기가 많았다.

15 I saw a plane flying [　　] my head.
내 머리 위로 비행기 한 대가 날아가는 것을 보았다.

answers

9. since　**10**. under　**11**. during　**12**. with　**13**. by, until　**14**. among　**15**. over

07
동사

07 동사

나 없으면 말이 안 되지.

---

① be동사

1] be동사는 연결어이다

동사 중에서도 be동사는 독특한 느낌이 듭니다. 우리말로 표현하자면 서술어 '~이다'로 해석이 되어 어떤 '동작'의 어감을 갖고 있지 않아서 동사의 느낌이 들지 않지요. 그래서 단독 동사로만 사용하는 경우는 거의 없습니다. 뒤에 항상 보어를 데리고 다니지요.

be동사　보어
She **is a teacher**.
그녀는 선생님이다.

위 문장에서 is는 주어 'She'와 보어 'a teacher'를 마치 '등호'처럼 연결해 줍니다.

She = a teacher

'She'라는 존재에 대한 보충 설명을 이끌어 오기 위해 연결고리의 역할을 하고 있어요. 위 문장의 보어 자리에는 명사와 형용사만이 들어올 수 있답니다. 물론 명사 상당어구, 형용사 상당어구도 포함되지요.

그렇기 때문에 be동사는 어순상 주어 다음에 위치하는 동사가 맞지만, 기능적인 측면에서 보다 정확하게 묘사하자면 주어와 보어 사이를 '등호(=)'로 이어주는 '연결어'라 하겠습니다.

보어(명사)
You **are my destiny**.
너는 나의 운명이다.

보어(형용사)
This pen **is expensive**. 이 펜은 비싸다.

그러므로 어순의 언어인 영어는 주어 다음에 be동사가 나올 경우 이제 곧 주어에 대한 보충 설명이 이어진다는 신호로 받아들여야 합니다.

> **be동사는 주어와 보어를 등호로 이어주는 연결어이다.**

2) be동사는 진행형과 수동형을 만든다

He sings. 그는 노래하고 있다? 노래하다?

be동사는 동사의 진행 여부를 표시해 주는 역할을 합니다.

동사의 현재형이라 함은 명칭 속에 '현재'라는 단어가 있기는 하지만 지금 현재 일어나고 있는 일만을 의미하는 것은 아닙니다. 동사원형을 사용하고 있기 때문에 사실상 '무시제'라고 보는 쪽이 타당합니다.

즉, 위 예문의 정확한 의미는 현재, 과거, 미래 할 것 없이 '그는 노래한다'라는 뜻입니다. 그 결과 다음과 같이 해석할 수 있습니다.

He **sings**.
그는 (항상) 노래하는 사람이다. → 그는 가수다.

> **동사의 현재형은 무시제이다.**

그렇기 때문에 현재 일어나고 있는 일을 표현하기 위해서는 현재진행형을 사용하며 be동사를 앞에 붙여줍니다.

He **is singing**.
그는 노래하고 있다. (현재 진행중)

위 형태의 문장에서 be동사는 주어의 인칭, 수, 시제에 모두 연동하는 동사의 역할을 합니다.

They were singing.

그들은 노래하고 있었다. (3인칭, 복수, 과거진행)

1형식일까? 2형식일까?

몇 형식 문장일까?

He is singing. (1형식)　vs　He is singing. (2형식)
S　V　　　　　　　　　　　S　V　　C

위 문장은 1형식으로 동사의 진행형으로 보는 것이 타당하다.
이유인 즉, singing을 현재분사형 형용사인 보어로 분석한다면 2형식 문장이 되는데, 이럴 경우 3형식 문장의 진행형이 2형식으로 분석되는 모순이 생긴다.

He is singing a song. (갈 곳 없는 목적어가 되어 버림)
S　V　　C　　　　?

그렇기 때문에 위 문장 역시 동사의 진행형으로 보아야 3형식 문장이 완성된다.

He is singing a song.
S　　V　　　　O

❷ 자동사와 타동사

1) 자동사

동사를 크게 두 가지로 나눈다면 '자동사'와 '타동사'로 나눌 수 있습니다. 자동사(vi; intransitive verb)는 주어가 행하는 동작이 다른 것에 영향을 미치지 않고 주어에게만 해당하는 동사를 의미합니다. 즉, 주어의 행동만을 나타내는 동사가 바로 자동사입니다. 목적어가 필요 없기 때문에 1형식 문장의 동사는 모두 자동사입니다.

I walked. 나는 걸었다.　　**I slept.** 나는 잤다.
　vi　　　　　　　　　　　　vi

> 주어의 행동만을 나타내는 동사를 자동사라 한다.

자동사의 문장에 목적어가 필요하다면 목적어 앞에 전치사를 붙이면 됩니다. 그리고 목적어는 **전치사의 목적어**가 되지요.

I **walked** **about** the park. 나는 공원 주변을 걸었다.
　vi　　전치사　전치사의 목적어

물론 2형식 문장에서도 목적어는 필요하지 않기 때문에 이때 사용하는 동사들 역시 자동사로 볼 수 있습니다. 하지만 1형식과는 약간 다른 점이 있지요. 보어가 있기 때문입니다.

She **became** **silent**. 그녀는 조용해졌다.
　　　vi　　　　C

만약 위 문장에서 보어가 없다면 어떻게 될까요?

She **became**. 그녀는 되었다.

그녀가 무엇이 되었다는 말인지 알 수 없는 불완전한 의미의 문장이 되어버립니다. 그래서 보어가 필요한 become 같은 동사를 '**불완전자동사**'라고 합니다.

2) 타동사

주어의 행동을 전치사 없이 직접 받는 목적어가 있다면 그 행동을 묘사하는 동사가 바로 타동사(vt; transitive verb)입니다. 그래서 목적어가 있는 3, 4, 5형식의 문장 속에는 반드시 타동사가 들어 있어요.

I **like** **the food** she made. (3형식)
　vt　　　O

난 그녀가 만든 음식이 좋아.

Effort **brings** **us** **success**. (4형식)
　　　 vt　　IO　　DO

노력은 우리에게 성공을 가져다 준다.

I **heard** **my name** **called** by him. (5형식)
　vt　　　 O　　　 OC

그가 내 이름을 부르는 소리를 들었다.

타동사의 목적어 자리에 올 수 있는 품사는 **명사**, 혹은 **명사 상당어구**입니다. 명사 상당어구의 경우 to부정사와 동명사, 명사절 등이 포함되는데요. 그 중에서도 to부정사만 취하거나 혹은 동명사만 취하는 입맛 까다로운 동사들이 존재합니다. 그런 동사들 대부분이 많이 사용하는 것들이기 때문에 별도의 노력을 통하여 잘 숙지해 두어야 합니다.

> 타동사는 주어의 동작을 목적어에게 직접 전해준다.

❸ 동사의 종류

1) 일반동사

목적어의 유무를 기준으로 동사를 자동사와 타동사로 나눠보았습니다. 그 속에 속하는 동사들은 대부분 일반적인 규칙에 따라 사용되는 **일반동사**들입니다. 하지만 목적어의 형태를 구별해서 사용하는 동사가 있습니다. 일반동사에서 중요한 부분이니 숙지하시기 바랍니다.

① to부정사만 목적어로 취하는 동사

to부정사를 목적으로 취하는 동사는 주로 '미래성'과 관련이 있음을 알 수 있습니다. to라는 단어 자체가 방향(미래), 목적(미래)와 관련이 있기 때문이지요. 물론 to부정사가 무조건 미래성과 관련있는 것은 아닙니다. 하지만 그런 배경을 의식하면서 아래 단어들을 숙지한다면 정확한 의미 파악과 오래도록 기억하는데 도움이 됩니다.

I agreed to join the club. 나는 그 클럽에 가입하는 것을 동의했다.
(가입하는 것은 미래의 일)

I learned to speak English. 나는 영어로 말하는 것을 배웠다.
(영어를 하게 되는 것은 미래의 일)

to부정사를 목적어로 취하는 동사들은 다음과 같습니다.

agree 동의하다

They **agreed to make** peace with each other.
그들은 서로 화해하는데 동의를 했다.

decide 결심하다

He finally **decided to undergo** surgery.
그는 결국 수술을 받기로 결심을 했다.

fail 실패하다

She **failed to see** the bigger picture.
그녀는 더 큰 그림을 보지 못했다.

plan 계획하다

He **plans to join** the army next year.
그는 내년에 군에 입대할 계획이다.

refuse 거절하다

He **refused to allow** them onto his soil.
그는 그들을 자기 땅에 들여보내는 것을 거절했다.

그 외 동사들

ask 묻다, **allow** 허락하다, **cause** 야기하다, **demand** 요구하다,
enable 가능하게 하다, **encourage** 격려하다, **expect** 기대하다,
hope 희망하다, **lead** 이끌다, **learn** 배우다, **manage** 간신히 해내다,
need 필요하다, **offer** 제공하다, **order** 주문하다, **pretend** ~인 척하다,
tell 말하다, **want** 원하다, **wish** 바라다, **get** 구하다, **force** 강요하다, etc.

② 동명사만 목적어로 취하는 동사
반면에, 동명사를 목적어로 취하는 동사들도 있습니다. 이때 동명사는 기본적으로 무시제성이기는 하지만 주로 '현재하고 있는 일' 혹은 '과거의 일'을 표현하는데 적합합니다.

He **finished swimming**.
그는 하던 수영을 끝마쳤다. (**수영은 지금 하는 일**)

She **admitted taking** banned drugs.
그녀는 금지약물 복용을 인정했다. (**약물 복용은 과거의 일**)

동명사를 목적어로 취하는 동사들은 다음과 같습니다.

avoid 피하다

I want to **avoid meeting** my teacher there.

거기서 선생님을 만나는 건 피하고 싶어.

enjoy 즐기다

She **enjoys watching** movies alone.

그녀는 혼자 영화보는 것을 즐긴다.

keep 유지하다

Keep going for your dreams.

네 꿈을 향해 계속 나아가라.

mind 꺼려하다

Do you **mind telling** me why?

이유를 말해 줄 수 있나요? (이유를 말해주기 꺼려지나요?)

quit 그만두다

My brain just **quit working**.

내 머리가 돌아가질 않아. (작동하기를 멈추었다)

그 외 동사들

admit 인정하다, **consider** 고려하다, **deny** 부인하다, **discuss** 의논하다, **finish** 마치다, **give up** 포기하다, **postpone** 뒤로 미루다, **practice** 연습하다, **recommend** 추천하다, **stop** 멈추다, **suggest** 제안하다, **support** 지원하다, **etc**.

이 중에서도 suggest(제안하다) 같은 동사는 왠지 미래의 일을 목적어로 취할 것만 같은 단어입니다. 제안을 한다는 것은 아직 하지 않은 미래의 일을 대상으로 하는 것이니까요. 그럼에도 불구하고 동명사를 목적어로 취하기 때문에 헷갈릴 수밖에 없습니다. 하지만 이는 예외라기 보다는 동사의 우리말 해석의 차이에서 기인합니다. suggest를 어원상으로 분석해 보면 적극적으로 제안하는 의미의 동사가 아니라, 듣는 사람이 스스로 생각을 떠올리도록 가볍게 힌트를 주는 정도의 소극적인 행동을 의미하는 동사입니다.

$$sug(sub = below) + gest(= bring)$$
※ 아래에 뭔가를 두는 정도의 의미

그래서 '암시하다' 정도의 느낌으로 쓰이던 단어이며 결과적으로 미래의 행동을 끌어오는 적극적인 의미의 제안 동작이 아니기 때문에 무시제성의 동명사를 취하는 것입니다.

이런 류의 동사로는 suggest 외에도 consider(고려하다), recommend(추천하다), support(지원하다) 등이 있습니다.

She **suggested taking** a yoga lesson.
그녀는 요가 수업 받을 것을 제안했다.

stop 또한 동명사만을 목적어로 취하는 동사입니다.

I **stopped** **watching** Youtube.
vt   O
나는 유튜브 보던 것을 멈추었다.

하지만 다음과 같은 문장이 가능하다 보니 자칫 오해를 할 수 있어 주의가 필요합니다.

I **stopped** **to watch** Youtube.
　v　　　　　부사구(~하기 위하여)

나는 유튜브를 보기 위하여 (하던 일을, 걸음을) 멈추었다.

위 예문의 경우 to watch는 stop의 목적어가 아니라 부사구입니다. to부정사의 부사적 용법 중에서 목적에 해당하며 1형식 문장이랍니다. 결론적으로 의미가 정반대로 달라지는 문장이므로 동명사와 부정사 사용에 각별히 신경을 써야하는 동사라 할 수 있습니다.

③ 둘 다 취하지만 뜻이 달라지는 동사

일부의 동사들은 to부정사와 동명사를 모두 목적어로 취할 수 있지만 해석은 각각 달라집니다. to부정사는 미래, 동명사는 과거의 일로 해석이 되며, regret이나 try처럼 동사 자체의 의미가 달라지는 것을 볼 수 있습니다.

forget 잊어버리다

She **forgot** **to turn** the light **off**.
그녀는 전등을 꺼야 하는 것을 잊어버렸다.

She **forgot** **turning** the light **off**.
그녀는 전등을 껐다는 사실을 잊어버렸다.

remember 기억하다

He **remembered** **to meet** me.
그는 나를 만나기로 한 것을 기억했다.

He **remembered** **meeting** me.
그는 나를 만났다는 사실을 기억했다.

regret 유감으로 여기다, 후회하다

I **regretted** **to take** the job.
내가 그 일을 맡게 되어 유감이었다.

I **regretted** **taking** the job.
나는 그 일을 맡은 것을 후회했다.

try 노력하다, 시도하다

> **I tried to fix** the car myself.
> 내 스스로 자동차를 고치려고 노력했다.

> **I tried fixing** the car myself.
> 내 스스로 자동차를 고쳐보고자 시도했다.

2) 사역동사

일부의 동사들은 독특한 기능을 가지고 있어서 일반동사와는 다른 규칙을 적용해야 하는 경우가 있습니다. 그런 동사들 중에 대표적으로 **사역동사**와 **지각동사**가 있어요.

① 사역동사는 왜 원형부정사를 취하나?
사역동사는 목적어에게 보어하도록 일을 시키는 것입니다.

> 　　　사역동사　　목적격보어
> He **made** me **sign** it. 그는 내가 서명하도록 만들었다.

그러다보니 목적격보어가 존재하는 5형식 문장이 사용되지요. 이러한 문장의 동사는 목적어가 하는 일에 강한 영향력을 끼칠 수밖에 없기 때문에 목적격보어의 자리에 특별한 형태의 부정사를 취하게 됩니다. 그것이 바로 원형부정사입니다. 원형부정사란 to부정사에서 to가 빠진 동사원형을 그대로 사용하는 부정사를 의미합니다. 이는 [제10장 부정사] 편에서 자세히 다루니 참고해 주세요. to의 부재는 단어 간 거리를 없애면서 사역동사의 목적어에 대한 강하고 직접적인 영향력을 나타냅니다.

> 　　　사역동사　　목적격보어
> I **had** him **do** his job.
> 나는 그가 일을 하도록 했다. (목적격보어로 to do를 사용하지 않는다!)

> 　　　사역동사　목적격보어
> They **let** me **go**.
> 그들은 내가 가도록 놔 두었다. (목적격보어로 to go를 사용하지 않는다!)

> **원형부정사란 동사원형을 의미한다.**

단, 목적어가 목적격보어 자리에 있는 동사의 주체가 아니라 오히려 그 동작을 받는 입장이라면, 목적격보어 자리의 동사는 수동 형태를 취하게 됩니다.

사역동사　목적격보어(수동형)
The lecture <u>made</u> me **bored**.
그 강의는 나를 지루하게 만들었다.

② 준 사역동사란?

준 사역동사란 사역의 느낌을 가지고 있으면서 목적격보어로 원형부정사 외에 to부정사를 취할 수 있는 동사를 의미합니다. 대표적으로 help와 get이 있지요.

사역동사　　　목적격보어
He <u>helped</u> me **succeed**. 그는 내가 성공하도록 도왔다.

사역동사　　　목적격보어
He <u>helped</u> me **to succeed**. 그는 내가 성공하는데 도움을 주었다.

위 첫 예문의 경우는 내가 성공하도록 직접 도움을 주었고 나는 그 덕에 성공했다는 해석이 가능합니다. 위 두 번째 예문은 그가 나에게 성공하도록 간접적으로 도움을 주었다는 해석이 가능합니다. 그리고 내가 성공했는지의 여부 또한 나타나 있지 않습니다.

물론, 이는 지나치게 문법적으로 해석한 것이며, 현대 영어 회화에서 위 두 문장은 의미상의 차이 없이 사용되고 있는 것이 현실입니다. 두 문장 모두 '내가 성공하도록 그가 도와주었다' 이 정도의 의미입니다.

3) 지각동사

① 지각동사의 개념

지각동사란 목적어가 하는 행동을 주어가 느끼고 있음을 나타내는 동사입니다. 5형식 문장이 사용되지요. 주어가 자신의 감각을 통해 목적어의 동작을 직접 느끼는 것이므로 목적어와의 관계가 매우 밀접합니다. 목적격보어의 자리에 to부정사를 사용하지 않는 것은 관습적인 이유에서 기인한 것으로 볼 수 있지만 이처럼 밀접한 관계라는 '무거리감'을 나타내는 것으로도 볼 수 있답니다. 즉, 지각동사는 주어가 현장에서 느끼는 동시성을 강조하기 때문에 원형부정사를 사용한다는 것이지요.

물론 원형부정사 뿐만 아니라, 목적어의 동작이 진행 중임을 강조할 때 목적격보어를 진행형으로 사용하기도 합니다. 또한, 그 목적어가 동작의 주체가 아니라 동작을 받는 입장일 때는 수동형을 사용하기도 하지요. 결론적으로 지각동사의 목적격보어 자리엔 to부정사가 오지 못함을 기억하는 편이 빠르겠지요?

I heard someone ~~to call~~ me. (X) to부정사를 사용 안 함

→ I heard someone **call** me. (O) (원형부정사 사용)
누군가 나를 부르는 소리를 들었다. (들었던 사실을 묘사)

I heard someone **calling** me. (O) (진행형 사용)
누군가 나를 부르고 있는 소리를 들었다. (들리고 있는 순간을 묘사)

I heard my name **called** by someone. (O) (수동형 사용)
나는 누군가에 의해 내 이름이 불리워진 것을 들었다.

지각동사의 종류에는 다음과 같은 것들이 있습니다.

feel 느끼다

She **felt** something **going** wrong.
그녀는 뭔가 일이 잘못 되어가고 있음을 느꼈다.

listen to 청취하다

Jack **listened to** a big dog **bark**.
Jack은 큰 개 한 마리가 짖는 소리를 들었다.

notice 알아차리다

She **noticed** a student **dozing off** in class.
그녀는 수업 시간에 학생 한 명이 졸고 있는 것을 눈치챘다.

observe 지켜보다

A witness observed the man escape from the crime scene.

목격자는 그 남자가 범죄현장에서 탈출하는 것을 지켜보았다.

see 보다

She saw a cat coming over the wall.

그녀는 담을 넘어 오는 고양이를 보았다.

그 외 동사들

hear 듣다, **smell** 냄새가 나다, **taste** 맛을 보다, **watch** 지켜보다,
look at 바라보다, **etc.**

② 지각동사의 수동태

지각동사의 문장을 수동태로 바꾸면 to부정사를 사용해야 합니다. (수동태는 '제9장 수동
태'편에서 다루고 있습니다.)

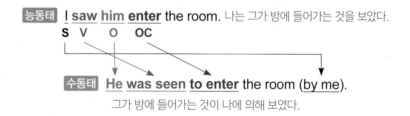

능동태 I saw him enter the room. 나는 그가 방에 들어가는 것을 보았다.
　　　 S　V　O　OC

수동태 He was seen to enter the room (by me).

그가 방에 들어가는 것이 나에 의해 보였다.

원형부정사에서 to부정사로 바뀌는 이유는 능동태 문장에서의 주어인 '내(I)'가 수동태 문
장에서는 더 이상 주어가 아니기 때문이에요. 지각동사 see의 주체는 'I'였으니까요. 좀 더
구체적으로, 수동태 문장에서는 능동태의 목적어인 He가 주어가 되었고, He는 자기가 본
것이 아니기 때문에, 즉, see의 주어가 아니기 때문에 지각동사의 목적격보어 규칙에 해
당되지 않는 것입니다.

참고로 이 규칙은 사역동사의 수동태에서도 마찬가지입니다.

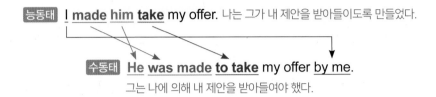

능동태 I **made him take** my offer. 나는 그가 내 제안을 받아들이도록 만들었다.

수동태 He **was made to take** my offer by me.
그는 나에 의해 내 제안을 받아들여야 했다.

> 지각동사의 목적격보어 자리에 올 수 있는 것은
> **원형부정사, 현재분사**(진행형), 그리고 **과거분사**(수동형)이다.

01 Something good always [come | comes] out of patience.
좋은 것은 항상 인내에서 나온다.

02 A: What [was | did] the zero say to the eight?
0이 8한테 뭐라고 말했게?

B: Nice belt.
벨트 멋지군.

03 All my classmates except Jack [had | were] interested in the
magic class.
Jack을 제외한 모든 학급생들이 그 마술 수업에 관심이 있었다.

04 What time does she usually [go | goes] to work?
그녀는 주로 몇 시에 출근하나요?

05 A: Don't worry. No one [success | succeeds] from the start.
걱정하지 마세요. 처음부터 성공하는 사람은 없어요.

B: But, this is skydiving.
하지만, 이거 스카이다이빙이잖아요.

06 I [run | running] in the morning every other day.
나는 이틀에 한번 아침에 러닝을 한다.

07 I saw you [to saw | saw] something last night.
난 니가 어젯밤에 뭔가 톱질하는 걸 봤어.

answers

1. comes   2. did   3. were   4. go   5. succeeds   6. run   7. saw

08 [Did | Were] you absent yesterday?
너 어제 결석했니?

09 The obstacle forced me [to | X] overcome my limitations.
장애는 나의 한계를 극복하도록 강요했다.

10 I asked my mom [to wake | waking] me up at six a.m.
아침 6시에 깨워 달라고 엄마한테 부탁했다.

11 Working overtime always makes me [tire | tired].
야근은 항상 나를 피곤하게 만들어.

12 He was made [to | X] cook again by the chef.
그는 주방장에 의해 다시 요리를 하게 되었다.

13 I remember [to throw | throwing] up last night.
어젯밤에 토한 거 기억난다.

14 I don't mind [to talk | talking] about my business.
난 내 일에 대해 말하는 것을 꺼리지 않아.

15 She decided [to learn | learning] how to crochet.
그녀는 코바늘 뜨는 법을 배우기로 결심했다.

※ crochet [krouʃéi] 코바늘을 뜨다

answers

8. Were **9.** to **10.** to wake **11.** tired **12.** to **13.** throwing **14.** talking **15.** to learn

08

시제

08 시제

시제가 영어로 Tense인 이유! 이것이 핵심이다!

❶ 시제는 '긴장'이다

영문법은 그다지 어렵지 않다고 우선 안심부터 시켜드리면서 늘 설명을 합니다. 하지만 '시제'만큼은 그렇게 하지 않아요. 왜냐하면 시제를 단순히 동사의 과거, 현재, 미래형, 그리고 완료형만 암기하면 되는 가벼운 파트로 여기고 혹시나 소홀히 생각하지 않을까 해서랍니다. 시제는 영문법 중에서 대표적으로 난해한 파트에 속합니다. 규칙 자체는 명확하지만 시제 개념이 우리말과 다르기 때문이지요. 시제에 대한 개념을 명확하게 갖고 있지 않으면 원어민들의 뉘앙스를 제대로 이해하지 못하고 늘 모호한 해석의 경계선에서 벗어나지 못 할 수도 있어요. 시제를 제대로 알면 가정법과 분사구문의 개념도 쉽게 이해할 수 있어요. 또한, 영어의 과거형이 왜 공손한 표현이 되는지 그 이유까지도 자연스럽게 알게 된답니다. 말의 순서인 어순을 중시하듯, 시간의 순서 개념에 진심인 영어에 있어서 시제는 그야말로 기본 중의 기본입니다.

> 시제는 제대로 알고 있어야만 하는 가장 기본적인 개념이다.

1) 시제(tense)는 긴장(tense)이다

그렇다면 시제의 실체에 대해서 알아볼까요? 시제는 영어로 tense라고 합니다. Tense는 형용사로 '긴장한'의 의미도 가지고 있어요. '시제'와 '긴장'이란 단어가 영어로 같은 단어를 사용한다는 사실이 예사롭지 않지요? 영어라는 언어 속에 시간의 개념은 '긴장'과 불가분의 관계입니다. 그 긴장이 시제 속에 자리하고 있습니다. 그것을 인식하고 시제를 바라보아야 합니다.

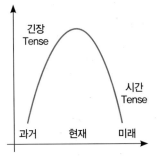

시간과 긴장의 관계를 잘 나타낸 그래프입니다.

긴장(tense)은 과거와 미래에는 낮고 현재 시점에 가장 높습니다. 이것이 시사하는 바는 다음과 같습니다.

영어의 시제에 있어서 현재형이 가장 긴장도가 높고, 과거시제와 미래시제는 긴장도가 현저히 떨어진다.

즉, 말을 듣는 사람의 입장에서 볼 때, 과거나 미래시제로 하는 말에는 별로 긴장감이 느껴지지 않지만, 현재시제로 하는 말에는 긴장감을 느낀다는 뜻입니다.

I see a big butterfly sitting on your head.
너 머리 위에 큰 나비 한 마리가 앉은게 보이네. **(현재시제)**

There **was** a fire downstairs when I was 10.
나 열 살 때 아랫집에 불이 났었어. **(과거시제)**

Humans **will see** a world without water in a million years.
인간은 백만 년 후에 물 없는 세상을 보게 될 것이다. **(미래시제)**

위 세 예문 중에서는 현재시제가 가장 긴장도가 높습니다. 모두 무서운 내용들이지만 이미 지난 과거와 미래의 일엔 별로 긴장이 되지 않지요.

2) 영어의 공손한 표현

영어에도 존댓말이 존재할까요? 아닙니다. 영어는 우리말처럼 수직적인 개념의 존댓말을 따로 가지고 있지 않습니다. 하지만 상대방을 배려하고 존중하고자 할 때 사용하는 방법은 존재합니다. 그들은 바로 '시제'를 활용하여 공손한 표현을 만들어 냅니다.

Can you help me? 도와 줄래? / 도와 주실래요?

Could you help me? 좀 도와 주실 수 있으신가요?

위 두 예문의 차이점은 무엇일까요? 반말과 존댓말의 차이가 아닙니다. 둘 모두 어른 아이 할 것 없이 누구에게나 서로 할 수 있는 일상적인 표현이지만 두 번째 예문이 공손한 표현으로 사용되고 있습니다. 학교에서도 그렇게 가르치고 있지만 어째서 공손한 표현이 되는지에 대해서는 명확한 해설이 없었지요. 하지만 이것 역시 tense의 개념으로 해석이 가능합니다.

그것은 바로 긴장감이 덜한 과거 표현을 사용함으로써 듣는 사람으로 하여금 긴장감을 덜어주기 때문입니다. 이것은 상대방에 대한 배려의 태도를 보여주는 것이기 때문에 수평적 문화의 서구식 예절에 있어 공손한 표현이 되었습니다.

즉, **Could you help me?**라는 표현은 과거에 나를 도와줄 수 있었냐고 지금에 와서 물어보는 것이 아니라, 현재의 높은 긴장감을 그림과 같이 억지로 과거 쪽으로 밀어냄으로써 상황의 긴박성이나 긴장감을 의도적으로 완화시키는 효과를 가져올 수 있다는 것입니다. 결과적으로 배려의 표현이 된 것이지요.

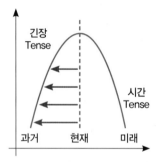

다른 예문을 볼까요?

Can you hear me? 내 목소리 들려?

Could you hear me? 제 목소리 들리세요?

위 질문을 의식을 반쯤 잃은 노인에게 물어보는 상황이라면 어느 쪽이 올바른 표현일까요? 우리말의 의식구조로는 연장자에게 하는 말이기 때문에 당연히 Could 문장을 선택할 것입니다. 하지만 지금은 노인이 의식을 잃은 긴박한 상황이기 때문에 Can 쪽이 더 와닿습니다. 배려의 상황이 아니라 긴박한 상황이기 때문이지요.

영어는 이처럼 과거 동사를 쓰는 것만으로 배려의 표현이 가능합니다. 그리고 이것은 결코 우리말의 존댓말과는 같지 않습니다. 상대방을 배려해야 하는 상황이라면 나이와 직급을 떠나 누구에게나 사용하는 표현 방식임을 기억해 주세요.

> 영어에 존댓말은 없다. 배려와 존중의 표현이 있을 뿐.

3) 시제와 가정법의 관계

가정법 과거, 가정법 과거완료, 가정법 현재, 혼합 가정법 등등 이름만 들어도 복잡해 보이는 가정법도 이 개념만 알면 보다 쉽게, 제대로 이해할 수 있게 됩니다.

If I **won** the lottery, I **would** buy an apartment.

만약 내가 복권에 당첨된다면 아파트를 살텐데.

아직 추첨도 안 했는데 위 예문의 동사는 win의 과거형 won을 사용하고 있습니다. 그 이유는 복권에 당첨될 확률이 너무 적어서 긴장이 안 되는 상황이기 때문입니다. 일부러 과거 동사 won을 사용함으로써 비현실적 상황의 영역으로 밀어낸 것입니다. 만약에 당첨 확률이 너무나 높아져서 1등을 목전에 앞둔 상황이라면 현재형 동사를 써서 표현할 수도 있습니다. 긴장도가 급격히 올라갔기 때문이지요. 이제 곧 현실이 될 수도 있으니까요.

If I **win** the lottery, I **will** buy an apartment!

내가 이 복권 당첨되면 아파트 산다!

그렇기 때문에 위 예문은 가정법 문장이기보다는 단순조건문이라 할 수 있어요. 가정법에 관한 더 자세한 이야기는 17장에서 다루고 있습니다.

Shocking Tip!

"과거에 날 도와줄 수 있었니?" 영작은?

Could you help me?
날 도와줄 수 있었니? (X) → 저 좀 도와주시겠어요? (O)

위 문장이 배려의 표현이라면 직역에 해당하는 '(과거에) 날 도와줄 수 있었니?'의 영작은 어떻게 해야 할까?
이런 경우 can을 대체할 수 있는 be able to를 사용하면 된다. Can은 '가능성'의 느낌이 강한 반면, be able to는 '능력'의 여부를 강조하기 때문이다.

Were you able to help me?
날 도와줄 수 있었니? (O)

❷ 영어 시제의 불편한 진실

시제라는 것은 '어떤 일이 발생한 시간상의 위치를 표시하는 문법의 범주'를 의미합니다. 크게 '과거, 현재, 미래'로 나눌 수가 있지요. 이 세 가지의 대분류에 각각 진행, 완료, 완료 진행을 더하면 총 12개의 시제가 나옵니다.

과연 영어는 시간을 글자 그대로 12개의 범주로 쪼개어 구분할까요?

시간대를 표시하는 품사는 동사밖에 없습니다. 하지만 동사는 단 2가지의 시간대만 표시할 뿐입니다.

동사가 표현하는 시제는 과거와 현재 뿐!

다시 엄밀하게 따져보아도 이미 존재했거나 존재하는 시간은 과거와 현재 딱 2가지 밖에 없습니다. 미래는 과연 존재할지 안 할지 아무도 모릅니다. 아직 오지도 않았기 때문에 시간을 훌쩍 뛰어넘어 미래에 미리 가 있을 동사의 형태는 존재하지 않습니다. 그렇기에 동사의 미래형은 따로 없지요. 단지 조동사의 도움을 받아 미래를 나타내 줄 뿐입니다.

동사가 나타내는 시간대: <u>walk</u> – <u>walked</u> – <u>walked</u>
현재   과거   과거(분사)
present   past   p.p. (past participle)

12시제란 것은 시간대를 12개로 나누는 것이 아니라 동사가 동작하는 모든 패턴을 총 12개로 표현할 수 있음을 보여주는 것입니다.

1) 12시제 일람표

간단한 문장을 통하여 실제로 하나의 동사로 이루어진 문장을 12가지 각기 다른 형태의 문장으로 나타낼 수 있는지 확인을 해 보도록 하지요.

I play tennis.
나는 테니스를 한다. **(무시제)**

예시로 삼은 위 문장은 주어, 동사, 목적어로 이루어진 매우 단순한 3형식 능동태 문장입니다. 무시제 문장이어서 늘 테니스를 한다는 뜻이기 때문에 테니스 선수라는 뉘앙스도 있지요.

이 문장을 12시제로 분류해 보면 아래 일람표와 같습니다.

과거	현재	미래
I played tennis.	I play tennis.	I will play tennis.
과거진행	현재진행	미래진행
I was playing tennis.	I am playing tennis.	I will be playing tennis.
과거완료	현재완료	미래완료
I had played tennis.	I have played tennis.	I will have played tennis.
과거완료진행	현재완료진행	미래완료진행
I had been playing tennis.	I have been playing tennis.	I will have been playing tennis.

이것을 수동태로 바꾸면 다음과 같아요.

과거 수동	현재 수동	미래 수동
Tennis was played by me.	Tennis is played by me.	Tennis will be played by me.
과거진행 수동	현재진행 수동	미래진행 수동
Tennis was being played by me.	Tennis is being played by me.	Tennis will be being played by me.
과거완료 수동	현재완료 수동	미래완료 수동
Tennis had been played by me.	Tennis has been played by me.	Tennis will have been played by me.
과거완료진행 수동	현재완료진행 수동	미래완료진행 수동
Tennis had been being played by me.	Tennis has been being played by me.	Tennis will have been being played by me.

위와 같이 하나의 문장을 12시제로 나누고 수동태까지 포함할 경우 무려 24가지의 패턴을 만들어 낼 수가 있습니다. 하지만 표에서도 알 수 있듯 동사 자체의 변화는 play, playing, played 밖에 없어요. 그리고 시점은 현재(play), 과거(played) 둘 밖에 없지요. 나머지는 다른 조동사의 도움을 받아 미래, 완료, 수동태의 시점을 만들어 내는 것이지요. 위의 모든 표현이 일상의 영어로 다 쓰이고 있는 것은 아니지만 어법상 시제별로 어떻게 표현해야 하는지를 잘 보여주는 일람표입니다.

복잡하고 많아 보이지만 몇 가지 규칙만 알면 전혀 어렵지 않아요.

2) 시제별 문장 규칙

시제별로 문장을 만드는 규칙은 사실 간단합니다. **완료와 진행**, 이 두 가지 규칙만 알면 쉽게 이해할 수 있어요.

① **완료형** : 반드시 have와 동사p.p.를 사용한다.
② **진행형** : 반드시 be와 동사ing를 사용한다.

위 두 규칙만 알면 나머지는 가장 기본적인 문법만이 파생 적용되는 정도라 전혀 어렵지 않아요. 예를 들어 '**완료진행형**'이라면 ①, ②번 규칙을 단순히 결합하기만 하면 됩니다.

완료형 :	have	+	동사p.p.	
+ **진행형** :			be	+ 동사ing
완료진행형 :	have	+	been	+ 동사ing

이 규칙으로 예문을 만들어 볼까요?

It **has rained** for three days. 3일 동안 비가 내렸다.
+ It **is raining**. (현재) 비가 내리고 있는 중이다.
―――――――――――――――――――――――――――――――――
It **has been raining** for three days. 3일 동안 비가 내리고 있는 중이다.

이제 본격적으로 총 12가지 시제별 문장의 세부 구조와 규칙에 대해서 알아보도록 하겠습니다.

❸ 시제별 문장의 세부 구조

1) 현재형: 동사 현재형 사용

영어의 현재형은 제대로 번역하기 힘든 대표적인 시제입니다. 예를 들어,

I <u>study</u>. 나는 공부한다.
Vr (원형동사: Root Verb의 약어)

번역된 우리말의 시제는 현재형이기도 하지만 지금 현재 공부 중일 때도 사용합니다. 즉, 우리말의 의미로는 '나 (지금) 공부해', '나 (요즘) 공부하고 있어'로 사용할 수 있다는 것이지요. 하지만 'I study'의 진짜 해석은 그렇지 않습니다. 현재형 동사, 즉 원형동사는 무시제입니다. 현재도 공부하고 있고 과거에도 공부했다는 사실이 포함되어 있어요. 그래서 '나는 공부하는 사람이다', '나는 학생이다'라는 뜻이 됩니다.

I go to school.
(나는 학교에 간다, 어제도 오늘도 내일도 간다)
→ 나는 학생이다(O)

그래서 과학적으로 변하지 않는 진리를 표현할 때는 원형동사인 현재형을 사용하는 것입니다. 이때 주절의 시제로부터 어떤 영향도 받지 않고 현재형 그대로 사용합니다.

시제의 영향을 받지 않음
My teacher <u>said</u> that the sun <u>rises</u> in the east.
≠
선생님은 태양이 동쪽에서 뜬다고 말씀하셨다.

현재형 동사는 주어가 3인칭 단수일 때 동사 뒤에 s를 반드시 붙여주어야 합니다.
(끝 글자에 따라 -s, -es, -ies)

2) 현재진행형: be + 동사ing 사용

동사원형은 무시제라서 시제를 아우르는 표현으로 이해될 수 있기 때문에 현재의 동작을 묘사할 때는 주로 현재진행형을 사용합니다.

They <u>are</u> <u>watching</u> the cat being rescued.
S   be   V-ing
그들은 고양이가 구출되는 장면을 보고 있다.

위 be동사 부분은 주어의 수에 맞추어 표시하면 됩니다.

이렇듯 현재진행형은 우리말로 현재형을 쓰는 표현의 대부분에 해당합니다.

3) 현재완료형: have + 동사p.p. 사용

과거에 시작된 동작이 현재에 이르렀을 때 이를 표현하는 형태입니다. have 동사와 동사의 과거분사형(p.p.)으로 나타내며, 문맥에 따라 동작의 종결, 경험, 결과, 지속 등으로 해석할 수 있어요.

We <u>have</u> just <u>finished</u> our argument.
have   V-p.p.

우리는 논쟁을 막 끝냈다. (종결)

I <u>have</u> <u>seen</u> the movie before.
have V-p.p.

나 전에 그 영화를 본 적이 있어. (**경험**)

She <u>has</u> <u>gone</u> to London.
have V-p.p.

그녀는 런던으로 떠나 버렸어. (결과)

I <u>have</u> <u>lived</u> here since last month.
have V-p.p.

지난달부터 여기에 살고 있어요. (지속)

현재완료형에서 반드시 신경 써야 할 부분은 아래 예문과 같이 과거 시점을 나타내는 부사(구)와 함께 사용해서는 안 된다는 것입니다.

I have watched the movie <u>yesterday</u>. (X)

위 문장의 yesterday처럼 현재완료형과 같이 사용할 수 없는 시간 부사(구)의 예시로는 다음과 같은 것들이 있어요.

→ last year, last month, 5 years ago, in 2021 등

이와 같이 특정한 과거 시점을 나타내는 단어가 올 수 없고, **when I was young** 같은 부사절이 와서도 안 됩니다.

이유인 즉, 현재완료 문장은 과거에 일어난 일의 시점부터 현재의 상태까지 포함하고 있기 때문이에요. 하지만 위에 나열한 표현들은 현재와 무관한 ==특정 과거의 시점만을 나타내기 때문==에 논리적으로 모순이 됩니다.

> 특정한 과거 시점의 부사(구)는 현재완료와 함께 쓸 수 없다!

4) 현재완료진행형: have + been + 동사ing 사용

과거에 시작된 동작이 현재에 이르러서도 여전히 지속되고 있을 때 이를 표현하는 형태입니다.

He <u>has</u> <u>been</u> <u>singing</u> for an hour.
have be-p.p. V-ing

그는 한 시간 째 노래 부르고 있는 중이다.

5) 과거형: 동사의 과거형 사용

과거의 어느 시점에 발생한 사건을 표현할 때 사용하는 형태입니다. 그 사건은 현재에 영향을 미치지 않으며 발생한 그 당시의 동작을 단순히 표현하는 것입니다.

I **called** you earlier. 아까 너한테 전화했었어.
V

단순 과거형의 경우 주로 시간을 나타내는 부사와 함께 쓰인답니다. 그리고 역사적 사실을 표현할 때는 항상 과거형을 사용합니다.

Humans first **stepped** on the moon in 1969.
V (단순 과거형)

인간은 1969년에 달을 처음 밟았다.

6) 과거진행형: be동사의 과거형 + 동사ing 사용

과거에 발생한 일을 언급하면서 그 당시 진행 중인 상황을 강조하여 묘사할 때 사용하는 형태입니다. 단순 과거와의 차이점이 단지 진행에만 있는 듯 보이지만, 과거의 일을 묘사할 때 훨씬 더 생생하고 자연스럽게 들리기 때문에 회화체에서 특히 많이 사용되고 있지요.

When you saw me before, 네가 전에 날 봤을 때,

I **was talking** to a guy. 그때 어떤 남자랑 대화하던 중이었어.
과거진행형

vs I **talked** to a guy. 그때 어떤 남자랑 대화했어.
단순 과거

단순 과거와의 차이가 좀 느껴지나요?

7) 과거완료형: had + 동사p.p. 사용

과거에 시작된 동작이 종결되었고, 그 종결 시점 또한 과거인 경우 이를 표현하는 형태입니다. 동작의 시작과 끝이 모두 과거에 존재하는 경우를 말합니다. 형태적으로 **had + 과거분사**를 사용하다 보니 과거 이전의 '대과거' 상태를 표현할 때와 동일한 모양입니다. 과거

완료형 문장은 현재완료형과 마찬가지로 문맥에 따라 동작의 종결, 경험, 결과, 지속 등으로 해석될 수 있어요. 현재완료와의 차이점은 크게 2가지입니다.

첫째, 동작의 종결점이 여전히 과거라는 것

둘째, 과거완료나 대과거는 과거를 기준으로 더 먼 과거에 시작된 일을 나타내므로 비교 대상이 필요합니다. 과거의 일을 나타내는 또 다른 기준점이 있어야 한다는 것이지요.

과거 기준점

Jack **had washed** his hands <u>before he **went** to the table</u>.
    had   **V-p.p.**

Jack은 식탁으로 가기 전에 손을 씻었다.

8) 과거완료진행형: had + been + 동사ing 사용

과거에 발생한 일보다 앞서 일어난 일이 그때까지 계속 진행 중이었음을 묘사할 때 사용하는 형태입니다. 그 외 내용은 과거완료와 같습니다.

He **had been sleeping** before I woke him up.
  had **been**   **V-ing**

내가 깨우기 전까지 그는 계속해서 자고 있었다.

위 예문의 경우처럼 대과거→ 과거의 순서가 서사적으로 옳은 문장이긴 하지만, before 같은 확실한 기준점이 있어 시간적으로 헷갈릴 일이 없는 경우 아래와 같이 동일 시제로 표현하기도 합니다.

→ He **was sleeping** before I **woke** him up. (O)
    과거진행형   과거   (동일한 과거 시제)

9) 미래형: will + 동사원형 사용

앞서 언급한 바와 같이 영어에 있어서 동사의 미래형은 없습니다. 단지 will이라는 조동사를 원형동사 앞에 함께 사용하여 아직 일어나지 않은 일을 묘사하는 것이지요. 참고로 will 외에 조동사 shall도 미래를 나타내지만, 현대영어에서는 거의 사용하고 있지 않아요.

I <u>will</u> definitely <u>go</u> to the university.
will　　　　　**Vr**

나는 꼭 그 대학에 들어갈 거야.

be going to를 사용하여 미래를 나타낼 수도 있어요.

I'<u>m going to</u> <u>marry</u> her.
Vr

그녀와 결혼하게 됐어.

부사의 도움만 있으면 동사의 현재형으로도 미래를 나타낼 수 있어요.

The concert <u>starts</u> <u>next Monday</u>.
동사 현재형　　시간 부사

공연은 다음 주 월요일부터 시작할 거야.

현재진행은 부사 없이도 가까운 미래를 나타낼 수 있지요.

We <u>are moving</u> to New York. 우린 뉴욕으로 이사 갈 거야.
현재진행형

10) 미래진행형: will + be + 동사ing 사용

미래의 시점에 어떤 동작이 진행 중임을 묘사하는 형태입니다. 언제 시작했는지의 여부는 중요하지 않아요. 나중에 그 동작이 진행 상태에 있는지 아닌지의 여부만 나타냅니다. 진행형 문장이 항상 그렇듯 동작이 더 강조되고 확실하게 느껴지기 때문에 회화체에서 미래를 나타낼 때도 많이 사용하는 형태입니다.

They **will** **be** **dicussing** the problem.
　　　will　be　　　 V-ing

그들은 그 문제를 의논할 것이다.

He **will** **be** **studying** until midnight.
　　will　be　　 V-ing

자정까지 그는 공부하고 있을 거야.

11) 미래완료형: will + have + 동사p.p. 사용

어떤 시점에서건 시작된 동작이 미래의 어느 시점에서 종결될 때 사용하는 표현입니다.

He **will** **have** **served** 12 years as mayor next year.
　　will　have　 V-p.p.

그는 내년이면 12년 동안 시장으로서 근무하게 된다.

I **will** **have** **finished** my military service next week.
　 will　have　　 V-p.p.

나는 다음 주면 군복무를 마치게 된다.

12) 미래완료진행형: will + have + been + 동사ing 사용

어떤 시점에서건 시작된 동작이 미래의 어느 시점에서도 지속되고 있음을 나타낼 때 사용하는 표현입니다.

Will you **have** **been** **studying** until I come back?
　will　　　　have　been　 V-ing

나 돌아올 즈음에 넌 계속 공부하고 있을 거야?

I **will** **have** **been** **playing** games for 5 hours by the time Mom arrives.
　will　have　been　　 V-ing

엄마가 오실 즈음에는 난 다섯 시간 동안 계속 게임을 하고 있을 거야.

과거형과 현재완료는 둘 다 같은 과거인가?

현재완료를 단순 과거형과 시제상 같은 과거라고 퉁쳐서는 안된다. 과거는 과거 시점을 콕 찍어 표현하는 것이고, 현재완료는 그 과거를 현재의 시점에서 바라보고 있는 것이다. 마찬가지로 과거완료는 과거의 시점에서 더 먼 과거를 바라보는 것. 그러므로 현재완료와 과거형은 사건의 발생 시점만 같은 과거일 뿐 그것을 바라보는 방향성의 차이가 존재한다. 여기서 의미상의 차이가 존재함을 알 수 있다.

I lost my watch. 시계를 잃어버렸다.
단순 과거 사실을 묘사하며 지금은 찾았는지 여부를 알 수 없다.

I have lost my watch. 시계를 잃어버렸다.
과거에 잃어버린 시계를 아직 찾지 못하고 있다는 현재의 시점에서 바라보는 것.

과거형 문장이 과거를 바라보는 관점 → 과거는 과거일 뿐

과거   현재

현재완료 문장이 과거를 바라보는 관점 → 현재까지 이어지는 과거의 일

과거   현재

01 A: [Did | Have] you ever seen anyone uglier than you?
너 보다 못생긴 사람 본 적 있니?

B: At this moment.
지금 이 순간.

02 It [hailed | was hailing] when I opened the window.
내가 창문을 열었을 때 우박이 내리고 있었어.

03 A: I [have never | don't have] lied to my girlfriend.
난 지금까지 내 여자친구에게 거짓말을 해본 적이 없어.

B: Since you've never had a girlfriend.
여자친구가 없었으니까...

04 The rooster usually [get | gets] up late every morning.
그 수탉은 매일 아침 주로 늦게 일어난다.

05 The train [reaches | reached] Seoul at half past ten.
그 기차는 10시 반에 서울에 도착했다.

06 She told me that she [has visited | would visit] the Tower of Babel the next day.
그녀는 그 다음날에 바벨탑을 방문한다고 내게 말했다.

answers

1. Have   **2.** was hailing   **3.** have never   **4.** gets   **5.** reached   **6.** would visit

07 A: My fiancé [called | has called] me yesterday.
약혼자에게서 어제 전화가 왔어.

    B: To tell you not to take medicine alone?
약 혼자 먹지 말라고?

08 A: I've been [feeling | felt] sick since a while ago.
아까부터 속이 안 좋아.

    B: Stop looking in the mirror.
거울을 그만 봐.

09 We [were | have been] a couple since three years ago.
우리는 3년 전부터 커플이었어.

10 A: What is the weather like this winter here?
이곳 겨울 날씨는 어때?

    B: There [has been | have been] very little snow.
눈이 거의 오지 않았어.

11 He thanked me for what I [did | have done].
그는 내가 한 일에 대해 고마워했다.

12 A: Have you ever been to London?
런던에 가본 적 있나요?

    B: Yes, I [went | have been] there ten years ago.
네, 10년 전에 갔었어요.

answers

7. called   **8.** feeling   **9.** have been   **10.** has been   **11.** did   **12.** went

09
수동태

09 수동태

수동태는 어떤 경우에 써야 할까?

❶ 능동태 vs 수동태

말에도 형태가 있어요. 같은 말이지만 어떤 형태로 표현하는지에 따라 그 어감은 달라지는 법입니다. 영어가 어순의 언어이다 보니 결국 강조하고자 하는 단어의 위치에 따라 뒤에 오는 단어들의 모양이 바뀌기도 합니다. 왜냐하면 위치에 따라 정해진 품사와 시제, 수의 규칙이 엄연히 존재하기 때문이지요. 만약 주어가 바뀌었는데도 불구하고 동사의 형태가 바뀌지 않는다면 바뀐 문장은 그 의미가 같을 수 없답니다.

Jack **ate a piece of cake**. Jack은 케이크를 먹었다.

A piece of cake ate Jack. 케이크는 Jack을 먹었다. (?)

> 주어나 목적어의 순서가 바뀌면 동사의 형태도 바뀐다.

이때 주어가 목적어에 대해 동작을 가하는 형태의 문장을 능동태라고 하고, 능동태의 목적어를 주어의 자리에 놓고 동작을 당하는 형태로 재배치한 형태를 수동태라고 합니다.

능동태 Jack **ate** a piece of cake.

  Jack은 케이크를 먹었다.

→ 주어가 목적어에 동사를 가하는 형태

수동태 **A piece of cake is eaten by Jack.**

  케이크가 Jack에 의해 먹힌다.

→ 주어가 by행위자에 의하여 동사를 당하는 형태

> 능동태는 주어가 목적어에 동작을 가하는 것이고,
> 수동태는 주어가 동사의 동작을 받는 것.

❷ 능동태를 수동태로 바꾸는 방법

능동태를 수동태로 바꾸기 위해선 기본적인 조건이 필요해요. 우선 목적어가 존재하는 형식이어야 하므로 주어와 동사로만 이루어진 1형식 문장이나, 주어–동사–보어로 이루어진 2형식(SVC) 문장은 애초에 수동태 문장으로의 전환이 불가능하지요. 예를 들면 appear(나타나다), seem(~로 보이다), remain(남다), occur(발생하다), arise(생기다), look(보이다) 같은 동사들처럼 목적어를 취할 수 없는 자동사들이 여기에 해당됩니다.

> 목적어가 없는 1, 2형식 문장은 수동태 전환이 불가능하다.

그렇다면 가장 기본적인 예문을 통하여, 능동태 문장을 어떻게 수동태 문장으로 바꾸는지 그 **공통된 규칙**을 알아봅니다.

1) 수동태 전환 공통 규칙

바꿀 능동태 문장 : I bought **some pencils**. 난 연필을 좀 샀어.
                 S   V   O

<u>Some pencils</u> S	첫째, **능동태**의 **목적어**가 **수동태**의 **주어**가 된다.

<u>buy</u> – <u>bought</u> – <u>bought</u> 원형 과거 과거분사 → **be** <u>bought</u>	둘째, 동사를 **be동사+과거분사(p.p)**의 형태로 바꾼다.

| Some pencils **are bought** | 셋째, **동사를 수동태 주어**의 **인칭**과 수에 맞추어 **조정**한다. |

| 능동태 I bought : 과거동사
Some pencils **were bought** | 넷째, **동사의 시제**는 **능동태 동사의 시제**에 맞춘다. |

| 능동태 I bought
Some pencils were bought
목적격
by me. | 다섯째, 능동태의 주어는 수동태 문장 동사의 행위자가 되므로 **문장의 끝에 by 행위자**(능동태의 주어)를 붙여준다. 이때 행위자는 by 전치사의 목적어이므로 **목적격으로 표시**한다. |

2) 문장의 형식별 수동태 전환

다음은 각 문장의 형식별로 능동태와 수동태 간의 전환 방법을 알아보기로 하겠습니다. **공통 규칙**을 기준으로 알아봅니다.

① 3형식 문장의 수동태 전환

I <u>made</u> <u>a cake</u> for my mom. 엄마를 위한 케이크를 만들었다.

<u>A cake</u> for my mom <u>was made</u> by me.
엄마를 위한 케이크가 나에 의해 만들어졌다.

주어와 하나의 목적어 구조이므로 주어 자리에 목적어를 위치시킵니다. 이때 목적어를 수식하는 내용(예. for my mom)은 아주 길지 않다면 대부분 붙여서 씁니다.

다음엔 새로운 주어의 수에 맞추어 동사의 수 표시를 결정하고, 수동태 문장의 시제는 애초 능동태 동사의 시제에 맞추면 됩니다. 능동태의 주어는 by 목적격의 형태로 문장의 끝에 쓰면 되는데 이때 일반인에 해당한다면 by와 함께 생략이 가능합니다.

생략 가능
A cheetah is considered the fastest animal (by people).
치타는 (사람들에 의해) 가장 빠른 동물로 여겨진다.

② 4형식 문장의 수동태 전환

4형식 문장은 목적어가 2개인 관계로 수동태 문장도 2개가 됩니다.

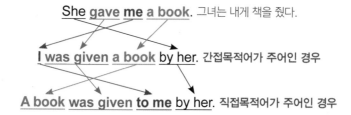

4형식 문장의 동사는 주로 뭔가 주고 받는 동작을 의미하는 수여동사인 관계로 동사의 속성에 따라 간접목적어가 주어가 될 수 없는 경우도 있습니다.

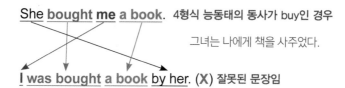

위 문장에서 알 수 있듯, 간접목적어 me는 buy의 대상이 될 수 없지요. 사람을 살 수 없어서라기 보다는 그녀가 산 것은 '책'이지 '내'가 아니니까요.

이처럼 간접목적어가 주어가 될 수 없는 4형식 동사는 그 외에도 다수 있습니다.
→ bake(구워주다), buy(사주다), pass(전달하다), read(읽어주다), send(보내주다), write(적어주다), etc.

> 4형식 문장의 간접목적어는 동사에 따라
> 주어가 되지 못하는 경우가 있다.

③ 5형식 문장의 수동태 전환

5형식 문장의 목적격보어는 주어가 될 수 없으며 수동태로 전환한 후의 문장은 2형식으로 바뀌게 됩니다. 수동태에서는 목적격보어 역시 주격보어로 바뀌게 됩니다.

They **call** **me** **Jack.(5형식)** 그들은 나를 Jack이라고 부른다.
S   V   O   OC (목적격보어)

I am called **Jack** by them. **(2형식)**
S   V   SC (주격보어)

❸ 수동태 전환의 조건

1) 수동태 전환 불가의 경우

① 주어의 의지가 없는 특정 동사의 경우

수동태 전환을 위해선 최소한의 요건인 '타동사'와 '목적어'가 필요하기 때문에 3, 4, 5형식 문장만을 수동태로 바꿀 수 있어요. 그렇다고 해서 모든 3, 4, 5형식의 문장이 다 수동태로 전환될 수 있는 것은 아니랍니다.

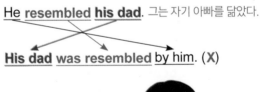

He **resembled** **his dad**. 그는 자기 아빠를 닮았다.

His dad was resembled by him. (X)

시간 논리상 그의 아빠가 그에 의해 닮을 수는 없기 때문에 위 수동태 문장은 틀린 문장인 것입니다. 이처럼 타동사이면서도 수동태의 문장으로는 만들 수 없는 동사들은 다음과 같습니다.

→ become(어울리다), escape(벗어나다), have(가지다), lack(부족하다), resemble(닮다), etc.

위에 나열한 동사들은 주어가 자신의 의지와 상관없이 목적어를 취하는 상태를 나타내기 때문에 목적어의 기준으로 상황을 재배치할 수가 없기 때문이랍니다.

That dress really **becomes** you. ↔ You ~~are~~ really ~~become~~ by that dress.

그 옷은 너한테 정말 어울려.　　　　　너는 정말 그 옷에 의해 어울려?? (X)

He **has** a lot of money. ↔ A lot of money ~~is had~~ by him.

그는 많은 돈을 가지고 있다.　　많은 돈이 그에 의해 가져져 있다?? (X)

② 재귀대명사가 목적어인 경우

목적어가 재귀대명사인 경우 수동태의 주어가 될 수 없습니다.

I **saw myself** in my dream.

나는 꿈에서 나 자신을 보았다.

→ **Myself was seen** in my dream by me. (X)

나 자신이 꿈에서 보였다.

재귀대명사는 주어의 행동이 다시 주어에게 돌아간다는 뜻으로 붙인 명칭입니다. 주어가 되는다는 것이 원천적으로 모순입니다.

> 주어의 의지가 반영되지 않는 능동태의 목적어는
> 수동태의 주어가 될 수 없다.

2) 수동태 문장은 어떤 경우에 사용하나?

능동태 문장을 단순히 변경 규칙에 따라 수동태로 바꾸었다면 두 문장의 의미 차이는 없을까요? 둘은 같은 의미의 문장이지만 그렇다고 똑같은 무게를 가지고 있다고 볼 수는 없답니다. 영어는 어순의 언어이기 때문에 순서에 따라 문장 내에서의 무게 중심은 이동하게 됩니다. 이를 테면,

Jack **defeated** Sam by one point.

Jack은 Sam을 1점차로 이겼다.

Sam was defeated by Jack by one point.

Sam은 Jack에게 1점차로 패했다.

위 능동태 예문은 'Jack의 신승'을, 아래 수동태 예문은 'Sam의 석패'를 각각 강조하고 있습니다. 둘은 의미상 같은 내용으로 볼 수 있지만, 어떤 형태의 문장을 사용할지는 화자의 감정이 더 치우치는 쪽으로 선택될 것입니다. 이처럼 수동태는 능동태의 단순한 변형에 불과한 존재가 결코 아니랍니다. 상황에 따라서는 수동태 표현이 더 권장되거나 나아가 수동태 문장을 써야만 하는 경우도 있어요.

그렇다면 어떤 경우에 수동태 문장을 사용하면 좋을까요?

① 행위자를 알 수 없을 때

생략 가능
He was killed in the battle. (by someone)

그는 그 전투에서 전사하였다.

총알이 빗발치는 전쟁터, 그가 누구의 총탄에 의해 희생되었는지 알 수가 없지요. 이런 경우 수동태가 적절합니다.

② 행위자를 굳이 언급할 필요가 없는 경우

생략 가능
I was born in December. (by my mom)

나는 12월에 태어났다.

세상에 혼자 태어나는 사람은 없습니다. 나를 낳은 사람이 엄마라는 사실을 능동태를 써서 굳이 나타낼 필요가 있을까요? 불필요한 정보를 생략하는 것은 영어의 특징이기도 합니다.

③ 행위자를 밝히고 싶지 않을 경우

생략 가능
It's what I **was taught. (by someone)**

저는 그렇게 배웠어요.

행위자를 밝힐 경우 불편한 상황에 처할 수도 있지요. 그럴 땐 의도적으로 행위자를 뺀 수 동태를 사용하면 된답니다.

④ 객관적으로 보이고 싶을 때

생략 가능
The pandemic **is expected** to end next year. **(by someone)**

전국적인 유행병이 내년엔 종식될 것으로 예상된다.

의견을 제시하면서 제시한 사람을 밝히지 않는 문장들이 많이 있습니다. 이는 수동태를 통하여 행위자를 가림으로써 의견이나 주장에 객관적인 느낌을 도모할 수 있지요. 그렇기 때문에 주로 기사문에서 많이 찾아볼 수 있답니다.

⑤ 동일한 주어로 문장을 이어갈 때

Woods beat Rahm, but he **was beaten** by McIlory.

Woods는 Rahm을 이겼지만 McIlory에게 패했다.

접속사로 이어지는 문장들 속의 주어가 각기 다르다면 문장이 다소 복잡하게 느껴질 수 있어요. 이때 수동태를 사용하면 동일한 주어를 유지할 수 있어서, 보다 자연스러운 문장 의 흐름을 만들 수 있답니다.

⑥ 감정을 표현하는 동사의 경우
감정을 나타내는 동사의 경우 주어는 대부분 사람일 것입니다. 그렇기 때문에 사람을 주 어의 자리에 두기 위하여 수동태 문장을 구사하는 경우가 있습니다.

To hear the news **surprised** me. (어색)

그 뉴스를 듣는 것은 나를 놀라게 했다.

→ I **was surprised** to hear the news.

나는 그 뉴스를 듣고 놀랐다.

3) 수동태로 바꿀 때 유의할 점

앞서 7장 동사편에서 말씀드렸듯이 능동태 문장에 있어서 지각동사와 사역동사의 목적격
보어는 원형부정사를 취합니다. 이런 종류의 문장을 수동태로 바꾸었을 때 원형부정사는
to부정사의 형태로 바뀝니다.

① 지각동사

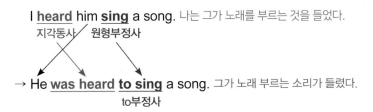

I <u>heard</u> him <u>sing</u> a song. 나는 그가 노래를 부르는 것을 들었다.
　지각동사／원형부정사

→ He <u>was heard</u> <u>to sing</u> a song. 그가 노래 부르는 소리가 들렸다.
　　　　　to부정사

② 사역동사

I <u>made</u> him <u>clean</u> the room. 나는 그가 방을 치우도록 했다.
　사역동사／원형부정사

→ He <u>was made</u> <u>to clean</u> the room. 그는 방을 치워야 했다.
　　　　　to부정사

01 Some things are better left [unsaying | unsaid].
어떤 일들은 말하지 않는 편이 더 낫다.

02 Even a [breaking | broken] clock still can be correct two
times in a day.
심지어 고장난 시계도 하루에 두 번은 맞을 수 있다.

03 A bird flying high is [hit | hitted] by an airplane.
높이 나는 새가 비행기에 치인다.

04 World War IV will be [fighting | fought] with sticks and stones.
4차 세계대전은 방망이와 돌을 들고 싸우게 될 것이다.   – Albert Einstein

05 When [was | did] this kind of cell phone [use | used]?
이런 종류의 핸드폰은 언제 사용된 거야?

06 A pearl was [found | founded] in the clams.
대합 속에서 진주가 발견되었다.

07 Where the dim light appeared, it [was | X] disappeared.
약한 불빛이 나타난 곳에서 그대로 사라졌다.

08 Children should be [caring | cared] for with love.
아이들은 사랑으로 보살펴야 한다.

answers

1. unsaid   **2**. broken   **3**. hit   **4**. fought   **5**. was, used   **6**. found   **7**. X   **8**. cared

09 A suspicious man was seen [to enter | entering] the
building and go upstairs.
미심쩍은 한 남자가 건물 안으로 들어가 위층으로 올라가는 것이 보였다.

10 A: What can't [use | be used] until it's broken?
깨져야 사용할 수 있는 것은?

B: An egg.
달걀

11 My money was [lost | robbed | stolen].
※ 해석 생략 / 위 3개의 보기 중 정답 1개를 고르시오.

12 Eco-friendly cars are made [to | to be] run by electricity.
친환경 자동차들은 전기에 의해서 달리도록 만들어진다.

13 Jack [resembles | is resembled to] his son.
Jack은 그의 아들을 닮았다.

14 A: Can we sit at the table near the window?
저희 창가 쪽 자리에 앉을 수 있을까요?

B: I am sorry, but it [was | has been] taken already.
죄송합니다. 이미 다 차버렸어요.

15 A: When [were | did] you born?
태어난 해가 언제인가요?

B: Well... It was so long ago.
글쎄요... 너무 오래 전 일이라.

answers

9. to enter   10. be used   11. stolen   12. to   13. resembles   14. has been   15. were

10
부정사

⑩ 부정사
동사의 놀라운 변신술

❶ 부정사에 관하여

부정사만큼 부정확하게 알려진 용어도 드물 것입니다. 부정사는 영어로 infinitive인데 이것을 한자로 옮겨 부정사라고 한 것이죠. 그렇다보니 '정해지지 않은 말' 정도로 다들 배웠을 것입니다. 정해지지 않은 말이라고 하니 더 답답하게 느껴지지요. 하지만 infinitive가 의미하는 것은 시제나 품사, 수에 영향을 받지 않고 원래 모양 그대로 사용하는 동사라는 뜻입니다. 이것을 다른 말로 '원형동사'라고 하며, 말 그대로 변형되지 않은 원래 형태의 동사를 의미합니다. to부정사는 이런 원형동사 앞에 to를 붙여 쓴 것을 단순히 의미할 뿐입니다.

원형동사	과거동사	과거분사	3인칭 단수현재
sing	sang	sung	sings
부정사(infinitive)	(past verb)	(past participle)	(the third person singular in the simple present)

※ infinitive : The basic form of a verb, without an inflection binding it to a particular subject or tense
　　　　　　　(출처: Oxford 사전)

> **'부정사'란 주어나 시제 등에
> 어떠한 영향도 받지 않는 원형 상태로 사용하는 동사**

그렇다면 왜 '정해지지 않은 말'의 느낌이 더 강한 '부정사'라는 표현을 썼을까요? 이것은 기능적인 면을 더 강조한 표현으로 여기면 될 것입니다. 특히 to부정사는 분명히 동사 출신임에도 명사, 형용사, 부사 상당어구로 변화 무쌍한 기능을 가지고 있기 때문이지요.

본 책 [제2장 품사의 이해]편에서 나왔던 아래 그림을 다시 한번 볼까요?

1) 품사 간 수식 관계

※ 화살표는 수식 가능한 품사를 나타냅니다.

동사가 부정사로 사용된다면 위 그림은 아래와 같이 바뀝니다.

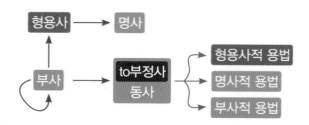

2) 역할의 확장

위 그림에서 보듯, 동사가 to부정사로 사용되면 명사, 형용사, 부사의 역할까지 할 수 있게 됩니다. 실로 엄청난 능력자로 변하게 되지요. 게다가 동사 출신이다 보니 명사로 변신했다 하더라도 자신의 목적어를 취할 수 있어요.

명사적 용법 목적어(to부정사의 목적어)
I want **to eat** **something**.
뭔가 먹고 싶다.

게다가 명사의 자격으로도 부사의 수식을 받을 수 있는 엄청난 자유를 누리게 되지요.

명사적 용법 부사(to부정사 수식)
To run **fast** is not easy for him.
빨리 달리는 것은 그에게 쉽지 않다.

> 동사가 부정사로 사용되면 4대 품사의 기능을 모두 갖는다.

❷ to부정사의 세 가지 용법

원형동사에 to를 붙이면 to부정사가 되는데 어떤 조건에서건 형태의 변화 없이 여러 가지 용법으로 사용할 수 있습니다. 크게 세 가지 용법으로 나눌 수 있는데요. 어떤 용법으로 사용되는 것인지는 문장 내에 위치한 자리나 해석을 통하여 구별할 수 있어요.

1) 명사적 용법

동사가 명사가 되는 방법은 두 가지입니다. to부정사가 되거나 동명사가 되는 것이지요. (참고. 동명사 → 11장)

둘 다 '~(동사)하기', '~(동사)함'처럼, 마치 명사같이 딱 떨어지는 어미를 갖도록 해석을 합니다.

to run → 달리기, 달림

명사적 용법으로 사용할 경우 위 부정사는 '달리기' 혹은 '달림'으로 해석되므로 명사처럼 주어, 목적어, 보어가 될 수 있어요. 또한 문장 내에서 명사의 자리를 차지하기 때문에 어렵지 않게 구별할 수 있겠지요?

① 주어 역할

To defend the weak is a noble act.
주어 자리

약자를 보호하는 것은 숭고한 일이다.

명사적 용법으로 주어가 된 문장이며, 위 예문처럼 주어 자리에 여러 개의 단어가 모여서 다소 복잡해 보일 경우 가주어 It을 사용하여 다음과 같이 문장을 바꾸어 쓸 수도 있어요.

It is a noble act to defend the weak.
가주어   진주어

② 목적어 역할

명사적 용법이라면 목적어 역할도 당연히 할 수 있지요.

I **decided** **to take** responsibility.

Vt   목적어 자리

나는 책임을 지기로 했다. *직역: 나는 책임을 지는 것을 결심했다.

He **wants** **to run** a marathon.

Vt   목적어 자리

그는 마라톤 달리기를 원한다.

③ 보어 역할

His dream is **to be** a surgeon.

보어 자리 (주격보어)

그의 꿈은 외과의사가 되는 것이다.

She **allowed** me **to play** outside.

Vt   O   보어 자리 (목적격보어)

그녀는 내가 나가서 노는 것을 허락했다.

단, 5형식(SVOC) 문장의 경우, 목적어 자리에 to부정사가 온다면 반드시 가목적어 it을 넣고 to부정사는 진목적어 자리에 넣어야 해요.

Jack found **to play** the violin difficult. (X)

S   V   O   C

Jack found it difficult **to play** the violin. (O)

S   V   가목적어   진목적어

Jack은 바이올린 연주(하기가)가 어렵다는 것을 알게 되었다.

2) 형용사적 용법

① 한정적 역할

to부정사가 앞의 명사를 수식하는 역할을 말합니다. 한정적 역할이라는 표현은 어떤 대상에 특징을 부여하면서 그 특징을 가진 것에 국한하는 역할을 의미하지요.

예를 들어 an apple은 그냥 불특정한 사과이지만 a red apple은 사과 중에서도 빨간색을 가진 사과로 국한시킨다는 의미입니다. to부정사는 이런 국한, 수식의 역할을 할 수 있습니다. 이렇듯 명사를 수식한다면 to부정사의 형용사 역할이라고 합니다.

이것은 지금 당장 먹을 사과야?

위 예문에서 보듯, 지금 당장 먹을 사과로 한정하므로 to eat은 사과를 수식하는 형용사 역할을 하고 있습니다.

이때, 동사에 따라 전치사가 필요한 경우가 있으니 주의해야 합니다.

pen은 전치사 with의 목적어

a pen은 to write의 직접목적어가 될 수 없습니다. '펜을 쓰는 것'이 아니라 a pen이라는 수단으로 to write하는 것이기 때문에 pen에는 with가 필요한 것입니다.

② 서술적 역할

서술적 역할이라 함은 문장의 서술어에 해당하는 묘사로 특정한 대상을 규정짓는 것입니다.

His job is **to help** others.
　S　　　　SC

그의 일은 다른 사람을 돕는 것이다.

예문의 to help는 명사로서 주격보어입니다. His job에 대해서 설명하는 서술적 역할을 하고 있지요.

3) 부사적 용법

to부정사는 부사적 역할로 가장 많이 사용될 뿐만 아니라, 또한 다양하게 활용되기 때문에 특히 부사적 용법이 중요합니다. 부사적 용법은 크게 6가지의 역할로 세분할 수 있으며 각각의 패턴을 잘 익혀서 자연스러운 해석을 할 수 있어야 합니다.

① 목적

문장 내 동사의 목적을 나타내며 '~(동사)하기 위해'로 해석을 합니다.

I called to ask her out.

그녀에게 데이트 신청을 하기 위해 전화를 걸었다.

He opened the wallet to pay the bill.

그는 계산을 하기 위해 지갑을 열었다.

② 형용사 수식

일반적으로 부사가 형용사를 수식할 수 있듯이 비슷한 원리입니다. '~(동사)하기엔 ~(형용사)하다'는 해석으로 형용사와 to부정사의 상태를 보다 구체적으로 묘사할 수 있어요.

The bag is too expensive to buy.

그 가방은 사기엔 너무 비싸.

It looks nice to spend time.

시간을 보내기엔 좋아 보이네.

③ 감정의 원인

감정의 원인이 무엇인지를 나타냅니다. '~(동사)해서 (감정이) ~(형용사)하다'라는 패턴으로 해석이 됩니다.

I am happy to see you here.

여기서 널 만나게 되어서 기쁘다.

I was sad to hear the news.

그 뉴스를 듣게 되어 슬펐다.

④ 판단의 근거

화자가 판단을 하게 된 근거를 나타냅니다. to부정사 부분은 주로 '~(동사)하다니', '~(동사)로 (판단해) 보건데,'로 해석됩니다.

He is smart **to solve** the problem.

그 문제를 풀다니 그는 똑똑하군.

She can't be a singer **to sing** like that.

저렇게 부르다니 그녀는 가수일리가 없다.

⑤ 결과

동사가 일으킨 결과를 나타냅니다. 이때 '목적'과 혼동될 수 있으니 해석에 주의하셔야 합니다. 맥락을 보고 판단해야 해요.

He grew up **to be** a great politician.

그는 자라서 위대한 정치가가 되었다. (O)

그는 위대한 정치가가 되기 위해 성장했다. (목적X)

She lived **to be** a centenarian.

그녀는 살아서 100세 노인이 되었다. (O)

그녀는 100세 노인이 되기 위해 살았다. (목적X)

⑥ 조건

to부정사 부분이 마치 if 조건문처럼 '~(동사)한다면'으로 해석이 됩니다.

To see how he lives, you must want to help him.

그가 어떻게 사는지 보게 된다면, 아마 너는 그를 돕고 싶어 할 거야.

To hear her speak English, you would take her for an American.

그녀가 영어로 말하는 것을 들으면, 너는 그녀를 미국인으로 생각할 거야.

to부정사가 포함된 구문만으로 단독 활용이 가능한 것을 독립부정사라고 합니다. 다음에 나오는 구문들은 생활영어에서도 대단히 많이 사용하고 있는 독립부정사입니다.

독립부정사	
to be sure 확실히	to make a long story short 간단히 말해서
to begin with 일단, 먼저	to make matters worse 설상가상으로
so to speak 말하자면, 이를테면	not to mention ~은 말할 것도 없이
to tell the truth 사실대로 말하자면	strange to say 이상한 얘기지만
to be frank (honest) 솔직히 말하자면	needless to say 말할 필요도 없이

❸ 원형부정사는 어떻게 생겨났을까?

앞서 부정사는 원형동사를 의미한다고 했습니다. 하지만 일반적으로 부정사라 하면, 주로 to부정사를 떠올리게 됩니다. 원형부정사는 여기에서 to가 빠진 동사원형을 그대로 사용하는 부정사를 의미합니다.

원형부정사
The medicine made me (to) feel better.
그 약은 나를 더 기분 좋게 만들었다.

1) 원형부정사는 어떤 경우에 사용하나?

① 조동사와 함께 사용될 때

조동사 can, will, must, shall, do, had better, used to 등과 함께 사용하는 동사는 반드시 원형부정사여야 합니다. 이때 원형부정사는 문장 내에서 본동사의 역할을 합니다. 시제나 인칭은 조동사가 맡아서 하고 본동사는 동사의 원형 그대로 사용합니다.

He **will be** able to walk again.

그는 다시 걸을 수 있을 거야.

You **had better stop** smoking.

당신은 담배를 끊는 게 좋겠어요.

I **used to drink** when I felt down.

난 우울할 때 술을 마시곤 했어.

② 사역동사의 목적격보어로 사용될 때

사역동사
She **let** us **eat** cookies in the jar.

그녀가 우리들에게 항아리 속 쿠키를 먹도록 해줬어요.

사역동사
You **made** me **feel** happy.

당신은 나를 행복하게 만들어 줬어요.

위 사역동사의 목적격보어 자리엔 원형동사 뿐만 아니라 '과거분사'도 사용이 가능합니다.

③ 지각동사의 목적격보어로 사용될 때

지각동사
She **saw** him **dance** on the floor.

그가 무대에서 춤을 추는 걸 그녀는 보았다.

지각동사
I **heard** someone **knock** on the door.

나는 누군가가 문을 두드리는 소리를 들었다.

위 지각동사의 목적격보어 자리엔 원형동사 뿐만 아니라 '현재분사' 또는 '과거분사'도 사용이 가능합니다. 실제로 지각동사는 몸으로 느끼는 단어이다 보니 현장감을 더 살려서 표현하게 됩니다. 그래서 진행 중인 동작을 묘사할 때 목적어가 직접 행하는 것이라면 원형동사보다는 현재진행형 분사를 사용하는 것이 어감상 자연스럽게 느껴집니다.

I **saw** him **run** on the track.
그가 트랙을 도는 것을 봤다.

I **saw** him **running** on the track.
트랙을 도는 중인 그를 봤다.

첫 번째 예문은 그가 트랙을 도는 것을 과거에 본 적이 있다는 서술의 느낌입니다. 둘 다 어법상 옳은 문장이지만 두 번째 예문은 눈 앞에서 그가 뛰고 있는 그 순간의 모습을 보는 듯한 동적인 느낌을 주는 표현입니다.

2) 원형부정사는 어떻게 생겨났을까?

원형부정사는 나중에 필요에 의해서 생겨났다기 보다는 원래부터 그렇게 사용하던 것이 었는데 여기에 to부정사가 중세 영어를 거쳐 대세가 되면서 상대적인 개념으로 붙게 된 이름입니다. 동사를 원형으로 사용하던 특정 부분의 습관이 변하지 않았다고 보는 것이 더 타당합니다.

영어는 라틴어, 희랍어, 게르만어, 프랑스어 등 여러 언어가 뒤섞인 언어인 만큼 특정 패턴의 문장이나 단어들에서 규칙을 벗어난, 혹은 원래의 습관이 그대로 남은 경우를 많이 찾아볼 수 있습니다. 원형부정사 역시 영어의 조상 격인 게르만어가 동사원형을 부정사로 사용하던 습관이 남아있는 것입니다.

현대영어에서 to부정사가 많은 역할을 하는데 일단, 단문에 복수의 동사가 존재하는 것을 막는 역할을 합니다.

I **want** **drink**.(**X**) (동사가 2개) → I **want** to drink. (동사 1개)

그럼에도 want, drink 두 단어가 모두 동사의 모습으로 존재한다는 것은 동사의 속성도 가지고 있다는 사실을 암시합니다. 그래서 원래 동사의 속성에 따라 to부정사도 목적어를 취할 수도 있는 것입니다.

동사   목적어   목적어(to drink의 목적어)
I **want** to drink **water**.

또한 동시적인 경우가 많습니다. 아무래도 to가 없기 때문에 동사 간의 거리감이 없어서 심리적으로 동시성, 긴박성이 발생합니다.

I made him **sleep**. 나는 그가 잠을 자도록 만들었다.
곧바로 잠을 자도록 강요한 느낌, 긴박감

I helped him **to sleep**. 나는 그가 잠을 자도록 도와주었다.
강요 없이 잠에 이르기까지 도와준 느낌

I helped him **sleep**. 나는 그가 잠에 빠지도록 해주었다.
to sleep보다는 좀 더 직접적인 도움을 준 느낌

특히 지각동사의 경우엔 동시성이 매우 강하기도 하지만, 사람의 기본적인 오감과 관련된 부분이라 역사적으로 오래된 사용 습관에 의한 것으로도 볼 수 있습니다.

I saw a bird **fly away**. 나는 새 한 마리가 날아가는 것을 보았다.
새를 보는 것과 날아가는 것은 동시 상황

Shocking Tip!

전치사 to와 부정사 앞의 to는 같은 뿌리

to는 고대 영어에서 부사와 전치사로 사용되었으며 'in the direction of(~의 방향으로), for the purpose of(~을 목적으로), furthermore(뿐만 아니라)'를 뜻했다. to는 기본적으로 '방향'을 의미하는 데, 어떤 방향을 향한다는 것은 그곳이 목적이 되는 것이고 그 목적지에 도착하는 것은 미래의 일이 된다. 그러므로 to를 명사 앞에 붙이면 전치사가 되어 그 명사는 목적지가 되고, 동사 앞에 붙이면 그 동사가 미래의 일임을 뜻하는 to부정사가 된다.

01 Kids always want [to go | going] out and play.
애들은 항상 나가서 놀고 싶어 한다.

02 A: What do I have to do not [give | to give] up on my dream?
제 꿈을 포기하지 않기 위해 무엇을 해야 하나요?

   B: Go back to sleep.
다시 자야지.

03 [Error | To err] is human.
실수를 하는 것은 인간적인 것이다. (인간은 실수를 한다)

04 Do you have anything [to declare | declare]?
신고하실 물건이 있나요?

05 A: I came here [to fix | fixing] my serious forgetfulness.
저는 심각한 건망증을 고치려고 여기 왔어요.

   B: Please pay first then.
계산부터 먼저 좀...

06 I have seen you [to grow | grow] up from childhood.
난 네가 어렸을 때부터 커가는 모습을 봐왔어.

answers

1. to go   **2**. to give   **3**. To err   **4**. to declare   **5**. to fix   **6**. grow

07 He was seen [to be | be] a weak man.
그는 약한 사람으로 보였어.

08 I need a piece of paper to write [   ].
글씨를 쓸 종이가 필요해.

09 Remember [to take | taking] medicine after you eat.
밥 먹고 나서 약 먹는 거 잊지 마.

10 I won't forget [to watch | watching] the movie together.
함께 영화 본 거 난 잊지 않을 거야.

11 She let the waiters [to take | take] all the leftovers.
그녀는 남은 음식을 종업원들이 다 가져가도록 내버려 두었다.

12 The important thing is [to be | X] open-minded.
중요한 것은 열린 마음을 가져야 한다는 것이다.

13 To hear how she [sing | sings], you will like her.
그녀가 노래하는 걸 들으면, 너는 그녀를 좋아하게 될 거야.

14 You had better stop [to make | making] lame jokes.
너 썰렁한 농담은 그만두는 게 좋을 것 같아.

answers

7. to be   **8.** on   **9.** to take   **10.** watching   **11.** take   **12.** to be   **13.** sings   **14.** making

11
동명사

⑪ 동명사

명사와 동사의 강점을 가진 하이브리드 단어!

---

❶ 동명사가 생겨난 이유는 무엇일까?

1) 출생의 배경

동명사 역시 어순의 영어라는 대법칙에서 벗어나지 않는 필연적인 단어의 형태입니다. 이런 단어가 어떤 필요에 의해서 생겨나게 되었는지 그 이유를 안다면 여러분은 동명사를 정확히 이해하고 제대로 사용할 수 있게 됩니다.

주어 자리
Learning is a lifelong task.

배움은 평생 해야 할 일이다.

예문에서 보듯 주어와 목적어의 자리에는 반드시 명사, 혹은 명사 상당어구가 와야만 하지요? 명사는 애초에 눈에 보이거나 머릿속에 구체적으로 떠올릴 수 있는 것들에 대한 명칭으로 시작한 터라 문장을 이끌어 가는 '주어 자리'에 적격입니다. 동사는 그런 명사들의 움직임을 묘사합니다. 그렇기 때문에 동사 또한 늘 자신의 자리가 별도로 마련되어 있는 것입니다. 그런 동사를 주어의 자리에 두고자 한다면 그 동사는 반드시 명사처럼 보이도록 형태를 만들어 주어야 합니다.

동명사로 만드는 것이 바로 그 방법들 중의 하나이지요. 동명사는 동사가 시술을 통해 명사로 탈바꿈한 것입니다.

동사　　명사형 어미　　　 명사
Learn + **ing** → **Learning**
배우다　　 ～것　　 배우는 것(배움)

> **동명사는 동사 출신의 명사다!**

---

2) 동명사의 형태

동명사의 모습은 항상 ~(동사)ing의 형태를 가지고 있지요. 동명사는 to부정사와는 달리 온전한 하나의 단어 형태를 갖추고 있어서 to부정사보다 더 명사에 가깝게 느껴지며 실제로 그렇게 취급합니다. 예를 들면, 다음 예문은 동명사의 형태가 더 명사에 가깝게 느껴지는 예시입니다.

To do my job is **to reward**.
나의 일을 하는 것은 보상을 주는 것이다.

Doing my job is **rewarding**. → 더 자연스러운 문장
나의 일을 하는 것은 보람이 있다.

참고로, 동명사는 동사 뒤에 ing만 붙여주면 되긴 하지만, 주의해야 할 점이 있어요.

단모음 + 단자음으로 끝나는 단어 뒤에는 같은 자음 하나를 덧붙여야 합니다. 이때 끝음절에 강세가 있는 발음이어야 합니다.

emi**t** + ing → emi**tt**ing
→ 단모음 i와 단자음 t로 끝남 + 끝음절 강세 [imɪt] → 자음 t 추가

아래의 경우는 자음 추가에 해당되지 않으니 주의해야 합니다.

op**en** + ing → op**en**ing
→ 단모음 e와 단자음 n으로 끝남 + 앞 음절 강세 [oʊpən] → 자음 추가 없음

co**me** + ing → co**m**ing
→ 단자음 m과 단모음 e로 끝남 → 해당 안됨. 자음 추가 없음

3) 동명사의 역할

예문에서 보듯, 원래 주어의 자리에는 명사만이 올 수 있었지요. 동명사는 이제 명사만을 위해 마련된 주어의 자리에도 당당히 들어갈 수 있어요. 동명사의 역할은 다음과 같습니다.

① 주어 역할

^{부사}
Traveling together is the fastest way to get to your destination.
함께 여행하는 것이 목적지까지 가는 가장 빠른 방법이다.

동명사가 주어가 되어 문장을 이끌고 있습니다. 동명사는 동사 출신이라 동사의 속성도 가지고 있어요. 그래서 together 같은 부사의 수식을 받을 수도 있답니다. 즉, 동명사는 동사가 가질 수 없는 주어의 자리도 차지할 수 있으며, 명사가 가질 수 없는 부사로부터의 수식 기능도 가지고 있어요. 한마디로 하이브리드 품사라고 할 수 있지요.

② 목적어 역할

3, 4, 5형식의 문장에는 목적어가 존재합니다. 그 자리 역시 오직 명사만이 차지할 수가 있지요. 하지만 동명사 신분이라면 목적어 자리 또한 꿰찰 수가 있는 것입니다.

She **loves** swim. (X) → She **loves** swimming. (O)
 S　　V　　 O 　　　　　 S 　　 V 　　　　 O

나는 수영(하는 것)을 좋아한다.

위 목적어 자리엔 동사 swim은 올 수 없지요? 대신 뒤에 ing를 붙인 swimming의 형태라면 물론 가능합니다.

③ 보어 역할

2형식에 있는 보어 자리에는 명사, 형용사가 올 수 있습니다. 동사가 이 자리에 명사의 자격으로 오고자 한다면 동명사가 되어야 합니다.

My hobby is **singing**. 나의 취미는 노래 부르기입니다.
 S 　　　V 　　 C

위 문장은 동명사가 주격보어로 사용된 예입니다.
이때, 동명사는 동사의 진행형과 모양이 똑같지만 주어와의 관계 파악을 통해 이를 구별할 수 있어야 합니다.

My sister is **singing**.
 S 　　　　　 V └▶동사의 진행형 (현재분사)

나의 여동생이 노래를 부르고 있다.

④ 전치사의 목적어 역할

전치사의 목적어 자리엔 명사가 오므로 당연히 동명사 또한 올 수 있습니다.

I'm interested **in taking** care of abandoned dogs.
prep.   O

나는 유기견들을 돌보는 일에 관심이 있다.

They are talking **about watching** the movie.
prep.   O

그들은 그 영화를 보는 것에 관해 이야기 중이다.

> 동명사는 주어, 목적어, 보어, 전치사의 목적어 역할을 한다.

❷ 동명사만을 목적어로 취하는 동사가 있다?

1) 동명사만 목적어로 취하는 동사들

동명사는 명사로 활용이 가능하기 때문에 명사적 용법의 to부정사와 혼용되기도 합니다. 위 두 문장의 의미가 거의 같은 의미로 쓰이는 경우도 있지만 완전히 동일하다고는 할 수 없어요. to부정사와 동명사가 가진 속성의 차이 때문이랍니다. 그리고 어떤 동사들은 동명사만을 목적어로 취하기도 합니다.

앞서 [제7장 동사]편에서 동명사와 to부정사를 목적어로 취하는 동사들에 대해 배웠습니다. 이번 장을 통해 좀 더 다양한 예시와 함께 다시 한번 정리해 보시기 바랍니다.

동명사만을 목적어로 취하는 동사	
admit lying 인정하다 (거짓말한 것을)	**mind** opening 상관하다 (여는 것을)
avoid meeting 피하다 (만나는 것을)	**postpone** meeting 미루다 (만나는 것을)

consider cancelling 고려하다 (취소하는 것을)	**practice** dancing 연습하다 (춤추는 것을)
deny stealing 부인하다 (훔친 것을)	**prevent** leaking 예방하다 (새는 것을)
enjoy talking 즐기다 (이야기하는 것을)	**put off** playing 미루다 (노는 것을)
finish working 끝내다 (일하는 것을)	**quit** bothering 그만두다 (괴롭히는 것을)
give up studying 포기하다 (공부하는 것을)	**recommend** working out 추천하다 (운동하는 것을)
imagine traveling 상상하다 (여행하는 것을)	**stop** smoking 멈추다 (담배 피우는 것을)
keep saying 유지하다 (말하는 것을)	**suggest** moving 제안하다 (이사가는 것을)

이처럼 동명사를 목적어로 취하는 동사들을 살펴보면 주로 진행 중이거나 완료된 내용들, 혹은 미루는 것과 관련한 단어들이 대부분을 차지하고 있지요. to부정사를 취하는 동사들의 미래성과 확실히 비교됨을 알 수 있습니다. 그런 속성을 인식하면서 위 단어들을 숙지한다면 훨씬 더 편하게 기억하고 활용할 수 있답니다.

물론 동명사만을 목적어로 취하는 동사들 중에서도 consider나 suggest와 같이, 앞으로할 일에 대한 미래성이 느껴지는 단어들도 일부 있습니다. 하지만 그것은 우리말로 해석했을 때 우리말의 어감이 그렇다는 것이고, 영어 원래의 의미로는 무시제성으로 볼 수 있습니다. 특히 suggest의 경우는 넌지시 무엇인가를 가볍게 암시하는 것을 의미하는 단어이므로 미래의 일에 대한 적극적인 제안과는 거리가 있는 단어입니다.

I suggested eating out.
나는 외식을 제안했다.
→ 난 외식이 어떠냐고 살짝 떠 보았다.

Stop은 동명사만 취한다고?

a. He stopped <u>smoking</u>. 그는 금연했다.
b. He stopped <u>to smoke</u>. 그는 담배를 피우려고 멈추었다.

예문 a의 경우 동사 stop이 동명사 smoking을 목적어로 취하고 있는 올바른 예문. 흡연을 멈추었다는 의미이므로 '그는 금연했다'라는 간단한 해석으로 표현할 수 있다.

예문 b의 경우는 언뜻 to부정사의 명사적 용법으로서 stop의 목적어로 보이지만 stop은 동명사만을 목적어로 취하므로 예문 a와 같은 뜻이 될 수 없다. 즉, to smoke는 명사가 아니므로 to부정사의 다른 용법이 된다. 수식할 명사가 없으므로 형용사적 용법도 아니니 부사적 용법으로 밖에 볼 수 없다. 결국, 흡연하기 위하여 멈추어 섰다는 의미가 된다.

결론은, stop은 동명사만을 목적어로 취급하는 동사이다.

2) to부정사만을 목적어로 취하는 동사들

반면에 to부정사만을 목적어로 취하는 동사들도 있어요. 이들은 주로 <mark>앞으로의 계획이나 소망, 의지와 관련된 의미의 동사들</mark>입니다. to부정사의 미래성이 앞으로 일어날 일들을 암시하는 동사의 의미와 보다 잘 어울리기 때문이지요. 동사의 정확한 의미를 잘 이해하려고 노력하다 보면 그 동사가 to부정사를 취하는 동사일 것 같은 느낌이 듭니다. 이러한 감각을 익히기 위해서는 문장 속에서 단어를 이해하고 암기하는 부단한 노력의 과정들이 필요하지요.

I **decided to leave** the company. → 떠나는 것은 미래의 일
나는 회사를 떠나기로 결정했다.

to부정사만을 목적어로 취하는 동사들	
agree to invest 동의하다 (투자하는 것을)	**manage to live** 해내다 (살아나가는 것을)
ask to leave 부탁하다 (떠나는 것을)	**need to know** 필요하다 (알아야 함을)
choose to change 선택하다 (바꾸는 것을)	**offer to support** 요구하다 (지원하는 것을)

decide to hire
결심하다 (채용하는 것을)

demand to rise
요구하다 (인상하는 것을)

desire to disappear
바라다 (사라지는 것을)

expect to see
기대하다 (만나는 것을)

fail to activate
실패하다 (작동하는 것을)

hope to hear
희망하다 (소식을 듣는 것을)

plan to remove
계획하다 (삭제하는 것을)

pretend to sleep
체하다 (잠을 자는 것을)

promise to come back
약속하다 (돌아오는 것을)

refuse to believe
거절하다 (믿는 것을)

want to explain
원하다 (설명하는 것을)

wish to confess
소망하다 (고백하는 것을)

3) 동명사와 to부정사를 모두 목적어로 취하는 동사들

다음은 동명사와 to부정사를 모두 목적어로 취할 수 있는 동사들입니다. 의미상 큰 차이가 없다고 보는 것이 일반적입니다.

동명사와 to부정사를 모두 목적어로 취하는 동사들	
begin to work / working 시작하다 (일하기)	**intend to keep / keeping** 의도하다 (계속하기)
continue to speak / speaking 계속하다 (말하기)	**love to read / reading** 좋아하다 (읽기)
hate to fight / fighting 싫어하다 (싸움하기)	**prefer to sleep / sleeping** 선호하다 (잠자기)
like to swim / swimming 좋아하다 (수영하기)	**start to run / running** 시작하다 (달리기)

4) 동명사와 to부정사의 의미가 다른 동사

동명사 목적어와 to부정사 목적어의 의미가 완전히 달라지는 동사가 있습니다. 동명사와 to부정사가 가지는 속성의 차이를 확실하게 보여주는 예시이지요.

to부정사	동명사
remember to cook	**remember** cooking
기억하다 (요리하기)	기억하다 (요리하기)
앞으로 요리를 하기로 한 사실을 기억	요리를 했던 과거의 일을 기억
forget to wash	**forget** washing
망각하다 (씻기)	망각하다 (씻기)
앞으로 씻어야 할 것을 망각	이미 씻었던 과거의 일을 망각
regret to say	**regret** saying
유감으로 느끼다 (말하기)	유감으로 느끼다 (말하기)
앞으로 할 말 때문에 유감	과거에 했던 말에 대한 유감(후회)

* to부정사 및 동명사의 부정은 바로 앞에 not을 붙입니다. ☞ not to say, not saying

Shocking Tip!

동명사와 to부정사 목적어는 과연 동일할까?

        A   B
I like swimming. vs I like to swim.

두 문장은 모두 3형식 SVO 구조로 동일하다. 의미상으로도 동일한 문장으로 봐도 무방하고 실제로도 구분없이 사용하고 있다. 하지만 둘 사이에 미세한 차이는 존재한다.

A 문장의 경우 동명사의 무시제성을 감안하면 일반적으로 수영을 좋아한다는 뜻이므로 한겨울이나 물이 없는 장소에서 사용할 수 있는 느낌이 있다.

B 문장의 경우는 A를 포함한 상황에서도 가능하지만 특유의 미래성 때문에 수영하고 싶다는 의지가 느껴진다.

❸ 동명사에 대해 좀 더 알아야 할 내용들

1) 동명사가 주어일 땐 항상 '단수' 취급

Eating too many oranges **causes** heartburn.
너무 많은 오렌지를 먹는 것은 속쓰림을 유발한다.

3인칭 단수가 주어인 현재형 문장이기 때문에 동사 cause에 -s가 붙어있지요. 동사 바로 앞에 있는 oranges가 복수형이라고 해서 cause를 써서는 안 됩니다. 역으로 위 문장을 분석해 보면 동사가 causes이기 때문에 주어가 oranges가 아님을 알 수 있습니다.

즉, 속이 쓰린 이유는 orange 때문이 아니라 eating too many oranges 때문이라는 것, orange는 상식적으로 속쓰림의 원인이긴 하지만 위 문장의 구조로는 속쓰림의 직접적인 이유가 아닌 것입니다. 그리고 오렌지는 셀 수 있지만 '많은 오렌지를 먹는다(먹었다)'는 사실은 셀 수 있는 개념이 아니지요. 이처럼 동명사가 주어인 문장에서는 항상 단수 동사를 사용합니다.

2) 현재분사와 구별은 어떻게 하나?

현재분사도 동사에 ing를 붙인 모양이라서 동명사와 그 형태는 동일합니다. 또한 둘 다 동사 출신이지요. 같은 동사 출신이긴 하지만 둘의 분명한 차이점은 동명사는 명사, 현재분사는 형용사라는 것입니다.

Coming home is always great fun.
집에 오는 것은 늘 즐거움이야.

위 예문의 Coming은 주어 역할을 하는 동명사입니다.

There is a **sleeping** cat on the roof.
지붕 위에 잠든 고양이가 있다.

반면에 위 예문의 sleeping은 현재분사입니다. cat을 수식하는 단순한 형용사 역할을 하고 있습니다. 특히, 보어로 쓰인 단어가 동명사인지 동사의 진행형으로 쓰인 현재분사인지 잘 구별해야 합니다.

Her hobby is **sleeping** after lunch. 그녀의 취미는 점심 먹고 자는 것이다.
동명사(품사는 명사: 보어 역할)

There is a **sleeping** baby. 잠이 든 아기가 있다.
현재분사 (품사는 형용사)

She **is sleeping** on the couch. 그녀는 소파에서 잠자고 있는 중이다.
동사의 진행형 (여기에서도 sleeping은 현재분사로 취급)

01 A: What do you think is the hardest thing [to do | doing]?
　　가장 하기 힘든 일이 무엇이라고 생각해?

　　B: Doing nothing.
　　아무것도 안 하기

02 A: Tell me one of my habits you think very annoying.
　　나의 습관 중에서 가장 짜증나게 생각하는 거 하나만 말해 봐.

　　B: [Breathe | Breathing]?
　　숨 쉬는 거?

03 [To say | Saying] is much easier than doing.
　　말하는 것은 행동하는 것보다 훨씬 쉽다.

04 A: How could you sleep so sound like that?
　　어떡하면 잠을 그렇게 잘 잘 수 있어?

　　B: I have practiced really hard without [sleep | sleeping].
　　잠도 안 자고 진짜 열심히 연습했거든.

05 I spent an hour finishing [doing | to do] my homework.
　　나는 숙제 하는 거 끝내느라 한 시간을 보냈어.

06 Sarah has just finished [playing | to play] the harp.
　　Sarah는 지금 막 하프 연주를 끝마쳤다.

answers

1. to do　**2.** Breathing　**3.** Saying　**4.** sleeping　**5.** doing　**6.** playing

07 A: Would you mind [close | closing] the door?
　　문을 닫아도 될까요? [문 닫는 것이 신경 쓰이시나요?]

　　B: No, of course not.
　　괜찮습니다. 그렇게 하세요.

08 I regret [to say | saying] that your name is not on the
reservation list.
유감스럽지만 예약자 명단에 귀하의 성함이 없습니다.

09 He regretted [being not | not being] nicer to his children.
그는 아이들에게 더 잘해주지 못한 것을 후회했다.

10 I'm very happy about your [enter | entering] the university
　you want.
네가 원하는 대학에 들어가게 되어서 정말 행복해.

11 I think it no use [arguing | to argue] about it anymore.
나는 그 문제로 더 이상 다투어 봐야 소용없다고 생각한다.

12 We're looking forward to [to see | seeing] you soon.
곧 여러분을 만나게 되기를 고대하겠습니다.

13 A: I can't do this anymore. I'm so tired.
　　전 더 이상 못하겠어요. 너무 피곤해요.

　　B: You should stop [to rest | resting] and go to sleep.
　　쉬는 거 그만하고 가서 자.

answers

7. closing　**8.** to say　**9.** not being　**10.** entering　**11.** arguing　**12.** seeing　**13.** resting

12

분사

⑫ 분사
문장을 더욱 짧고 간단하게

❶ 분사의 정체는 도대체 무엇인가?

분사는 부정사만큼이나 용어 자체가 어렵게 느껴지지요? 분사는 명칭에 대한 정확한 이해가 우선되어야 합니다. 한문으로는 나누어지는 말이라는 뜻이고, 영어로는 participle입니다. 어느 쪽이건 여전히 모호한 의미를 담고 있기 때문에 분사는 항상 어려운 파트로 여겨지고 있습니다. 심지어 실제로도 좀 어렵고 복잡한 건 사실입니다. 하지만, 정확한 개념을 인지하고 몇 가지 규칙만 깨우치면 분사 또한 명확한 원리를 가지고 있다는 사실을 알게 되고, 게다가 막상 알고 나면 꽤 편리한 규칙이라는 사실을 깨닫게 됩니다.

1) 분사의 정체

participle은 '공유, 분할, 참여' 등의 의미를 가진 라틴어 '*participium*'에서 유래한 단어랍니다. 분사는 동사, 형용사, 부사의 특성을 부분적으로 나누어 가지고 있어요. 바로 그 점을 강조하여 나타낸 이름이 '분사'입니다. 분사는 현재분사와 과거분사로 나누고 있어요.

먼저 분사의 형태와 기능에 대해서 알아볼까요?

구분	현재분사	과거분사
형태	동사 뒤에 ing를 붙인다	동사 뒤에 ed를 붙인다
품사	형용사	형용사
동작	능동적이다	수동적이다
시간	현재 일어나는 일 진행형 문장에 사용	이미 지난 일 완료형 문장에 사용
특징	동명사와 동일한 모양	수동형 문장에도 사용

2) 분사의 활용 규칙

능동이나 진행일 때는 동사 뒤에 ing를 붙입니다.

He's **painting** the wall. (능동)

그는 벽을 칠하고 있다.

A cat **is sleeping** on the table. (진행)

고양이 한 마리가 테이블 위에서 잠자고 있다.

수동이나 완료형에는 동사 뒤에 ed를 붙입니다. 단, 불규칙 동사의 경우 해당 동사의 과거 분사형을 사용해요.

The wall **has been painted**. (수동)

그 벽은 칠해졌다.

The tree **has fallen**. (완료)

나무가 쓰러졌다.

동작의 주체 여부에 따라 능동, 수동으로 구분해서 사용합니다.

I'm **boring**. vs I'm **bored**.

나는 지루한 사람이다. vs 난 지금 지루하다. (지루함을 느낀다)

The movie was **boring**. vs The movie was ~~bored~~.

→ 주어가 느낌을 가질 수 없는 주체이므로 잘못된 문장

그 영화는 지루했다. vs 그 영화는 지루함을 느꼈다.(**X**)

3] 분사의 역할

① 명사 수식: 형용사로서 명사를 수식합니다.

I bought a **talking** robot. 형용사로서 robot을 수식 (능동형)

나는 말하는 로봇을 샀다.

This is a **broken** window. 형용사로서 window를 수식 (수동형)

이것은 깨진 유리창이다.

② 보어 역할: 분사는 형용사로서 보어 역할을 합니다.

주격보어

She was **surprised** at the news. 주격보어 역할

그녀는 뉴스를 듣고 놀랐다.

목적격보어

I saw my sister **singing**. 목적격보어 역할

나는 동생이 노래하는 것을 보았다.

③ 동사의 진행형: 동사의 진행형을 담당합니다.

She **is playing** the piano. 현재진행형

그녀는 피아노를 연주하는 중이다.

He **has been washing** his car for 2 hours. 현재완료 진행형

그는 2시간째 세차하는 중이다.

> 분사, **to**부정사, 동명사는 모두 동사에서 비롯한 것이기 때문에
> 이들을 동사에 준한다고 하여 '준동사'라고 한다.

Shocking Tip!

과거분사는 왜 동사와 함께 외울까?

play – played – played
run – ran – run
hit – hit – hit

과거분사는 형용사임에도 동사변화를 외울 때 세 번째 자리에 포함되어 있다. 주된 이유는 과거분사가 동사에서 비롯되었기 때문이지만, 완료형 문장에서 have와 함께 사용되는 동사의 변형이기도 하고, 이 변형은 대과거(과거 이전의 시간대)에도 사용되고 있다. 결과적으로 형용사로서 따로 외우는 것 보다는 이처럼 묶어서 한번에 외우는 것이 실용적으로 보인다.

❷ 분사의 꽃 분사구문

1) 분사구문이란?

분사구문이란 분사가 부사구를 이끄는 형태를 의미합니다. 즉, 분사의 형태와 기능을 이용하여 부사절을 보다 간단 명료하게 나타낸 것이지요.

영어는 대표적으로 경제성의 원칙을 추구하는 언어입니다. 어떻게든 짧게 표현하는 방향으로 계속 진화하려는 속성을 가지고 있답니다. 분사구문은 부사절과 마찬가지로 시간, 이유, 조건, 양보 등을 표현하는 방법으로 다양하게 만들어 낼 수 있습니다.

2) 부사절을 분사구문으로 바꾸기

분사구문은 다음과 같이 다양한 경우의 부사절을 대신할 수 있습니다. 분사구문을 만드는 방법은 간단합니다. 기본적인 예문을 통하여 부사절을 어떻게 분사구문으로 바꾸는지 그 규칙을 알아봅니다.

바꿀 문장은 아래 문장의 '부사절'에 해당하는 부분입니다.

부사절
When I saw you there, I was relieved.

내가 그곳에서 너를 봤을 때, 난 안심이 되었어.

생략 When I̶ saw you there, I̶ was relieved.	첫째, 부사절의 주어와 주절의 주어가 같다면 부사절의 주어는 생략합니다.

When **seeing** you there, I was relieved.	둘째, 부사절의 동사를 분사로 바꾸어 줍니다. 단순 시제일 경우 동사원형에 ing만 붙이면 됩니다.

생략 ~~When~~ seeing you there, I was relieved.	셋째, 접속사를 생략할 수 있습니다. 접속사가 없어서 오해의 소지가 있을 경우 넣기도 합니다.

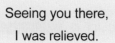

Seeing you there, I was relieved.	분사구문 완성

일반동사가 아닌 be의 경우에도 마찬가지이며 being을 사용합니다.

Though they **are** identical twins, they do not resemble each other.

그들은 비록 일란성 쌍둥이지만 서로 닮지 않았다.

Being identical twins, they do not resemble each other.

3) 분사구문을 부사절로 바꾸기

이번엔 역으로 분사구문을 부사절로 바꾸어 봅니다. 기본적인 예문을 통하여 알아봅니다.

Feeling too tired, I went to bed early.
너무 피곤해서 나는 일찍 잠자리에 들었다.

Feeling too tired, (주어 I 도출) I went to bed early.	첫째, 부사절에 주어가 생략되어 있다면 주절의 주어와 같다는 것입니다.

I Feeling too tired, (felt로 변경) I **went** to bed early.	둘째, 부사절을 이끄는 분사가 완료형이 아닌 단순 진행형이라면 주절과 같은 시제입니다.

I felt too tired, (접속사 도출) I went to bed early.	셋째, 문맥상 부사절과 주절의 관계에 걸맞는 접속사를 붙여줍니다.

Because I felt too tired, I went to bed early.	부사절 완성 (인과관계의 문장이므로 접속사 because 를 사용)

분사구문을 부사절로 바꿀 때 중요한 것은 바로 적절한 접속사를 사용하는 것입니다. 여러 가지 접속사 중에서 상황과 문맥에 맞는 것을 잘 선택해야 합니다. 부사절에 사용할 접속사를 선택하는 기준은 다음과 같이 크게 6가지 정도의 상황으로 나누어 볼 수 있습니다.

① 시간

Listening to music, she washed the dishes.

그녀는 음악을 듣는 동안 설거지를 했다.

위 분사구문을 부사절로 바꾸면, 아래와 같아요.

→ **While** she was listening to music,

음악을 듣는 것은 지속적인 동작에 해당하므로 when보다는 while이 적절합니다. 시간을 나타내는 접속사로는 while, when, before, after 등이 있답니다.

② 이유

Getting up late, she missed the bus.
늦게 일어나는 바람에 그녀는 버스를 놓쳤다.

위 분사구문을 부사절로 바꾸면, 아래와 같아요.

→ **Because** she got up late, she missed the bus.

인과관계를 나타내는 문장입니다. 이유를 나타내는 접속사로는 because, since, as 등이
있어요.

③ 조건

Finding his phone number, I'll call him.
만약 그 사람 번호를 알게 되면 그에게 전화할 거야.

→ **If** I find his phone number, I'll call him.

조건을 나타내는 접속사로는 if가 있습니다.

④ 양보

Being small, she eats a lot.
그녀는 비록 작지만 많이 먹는다.

→ **Although** she is small, she eats a lot.

양보를 나타내는 접속사로는 although와 though가 있습니다.

⑤ **동시동작**

Looking at me, she stood by the gate.
그녀가 나를 바라보며 문 옆에 서 있었다.

→ **As** she was looking at me, she stood by the gate.

위 예문은 시간의 부사절에 속하긴 하나 두 동작이 동시에 진행되는 것을 강조할 때 주로 as를 사용하여 나타냅니다.

⑥ **연속상황**

He got up early, washing his face.
그는 일찍 일어나서, 세수를 했다.

→ He got up early, **and** he washed his face.

연속상황은 일련의 동작이 순서에 따라 진행됨을 나타내며 접속사 and를 사용하여 표현합니다.

복잡하게만 보이는 분사구문도 사람들이 더욱 말을 편하게 할 수 있도록 만들어진, 결국 필요에 의해 생겨난 편리한 어법입니다.

부사절의 접속사 일람표

시간	이유	조건	양보	동시동작	연속상황
While When Before After	Because Since As	If	Although Though	As	And

주어가 다른 부사절은 어떻게 하나?

As it was Sunday, the store was closed.
위의 문장은 부사절의 주어와 주절의 주어가 상이하다.

Being Sunday, the store was closed. (X)
위 문장은 주어가 같아야 생략하는 법칙에 위배된다.

분사구문에서 주어가 상이할 때에는 주어를 생략하지 못한다. 문장이 어색해 보여도 주어를 표시해
주어야 한다. 단, 접속사는 생략이 가능하다.

→ (As) It being Sunday, the store was closed. (O)
일요일이었기 때문에 그 가게는 문을 닫았다.

01 A: Do you see a fat guy [waves | waving] at us across the street?
길 건너편에서 우리한테 손 흔들고 있는 뚱뚱한 남자 보이니?

　 B: Yeah, he's my boyfriend.
응, 내 남자친구야.

02 Korea has risen from a developing country to an
[advancing | advanced] country.
대한민국은 개발도상국에서 선진국으로 올라섰다.

03 [Turn | Turning] down the TV, someone's knocking on the door.
TV 소리 좀 줄여 봐, 누군가 문을 두드리고 있어.

04 A: [Sitting | Sat] on the toilet, what are you thinking?
화장실에 앉아서 무슨 생각을 해?

　 B: I'm thinking I'm a 3D printer.
내가 3D 프린터라고 생각하고 있어.

05 [Given | Giving] more attention, I wouldn't have given up.
더 관심을 받았더라면 나는 포기하지 않았을 텐데.

06 She looked [interested | interesting] in tarot cards.
그녀는 타로 카드에 관심이 있어 보였다.

answers

1. waving　　2. advanced　　3. Turn　　4. Sitting　　5. Given　　6. interested

07 [Lost | Having lost] in thought, he didn't even know the
phone was ringing.
그는 생각에 깊이 빠져서 전화가 왔는지도 몰랐다.

08 I heard a dog [barked | barking] at strangers for a few
minutes.
개가 낯선 사람들을 향해 몇 분 동안 짖는 소리를 들었어요.

09 We were so [bored | boring] with the movie.
우리는 그 영화가 너무 지루했다.

10 [Written | Writing] in Arabic, the book needs to be translated.
이 책은 아랍어로 쓰여 있어서 번역이 필요해.

11 She is sitting with her legs [crossed | crossing].
그녀는 다리를 꼬고 앉아 있다.

12 [Be | Being] late, you won't be allowed to enter the theater.
만약 늦게 오시면, 극장 입장이 허락되지 않습니다.

13 [Given | Giving] a new car, he sold his old one.
그는 새 자동차를 받아서 이전 자동차는 팔았다.

14 Frankly [spoken | speaking], I've never told a lie in my life.
솔직히 말해서, 난 평생 거짓말을 한 적이 없다.

answers
7. Lost **8.** barking **9.** bored **10.** Written **11.** crossed **12.** Being **13.** Given **14.** speaking

13
조동사

⑬ 조동사
조동사도 동사다!

❶ 조동사의 개념

조동사란 문장 내에서 동사만으로 부족한 부분을 돕기 위해 추가로 사용하는 동사를 말합니다. 그래서 조동사의 '조'는 한자로 도와준다는 의미를 가지고 있지요. 그리고 조동사를 뜻하는 auxiliary verb의 auxiliary는 '보조의, 예비의' 뜻을 가진 형용사입니다. 이 또한 문자 그대로 보조 역할을 하는 동사를 의미하고 있습니다.

조동사에 속하는 동사는 다음과 같습니다.

① **be동사:** 다른 동사의 시제, 진행, 수동의 여부를 담당합니다.
② **do동사:** 다른 동사의 의문, 부정, 강조를 담당합니다.
③ **have동사:** 다른 동사의 완료를 담당합니다.
④ **법조동사:** 동사의 의미를 더해 주는 역할을 하며 여기에는 will, can, may, must, should 등이 있습니다.

> 진행, 의문, 완료에는 **be, do, have**
> 미래, 가능, 의무, 허락, 추측 등에는 법조동사

be동사, do동사, have동사가 조동사라는 것이 생소할 수 있지만, 조동사가 보조 역할을 하는 동사인 만큼 각각 진행, 의문, 완료의 의미를 더해준다는 개념으로 접근하면 이해가 쉬울 것입니다.

Shocking Tip!

법조동사(Modal Verb)란 무엇인가?

modal : 양식의, 형식(상)의, 형태(상)의 / 법(法)의

법조동사라는 명칭은 동작 그 자체를 의미하는 무미건조한 동사에 특별한 성격을 부여할 수 있는 '방법(mode)'으로서의 동사를 표현한 것이다. 조동사들 중에서도 특히 동사의 분위기를 관장하는 것들을 지칭하며 여기에는 will, can, may, must, should 같은 조동사들이 포함된다.

❷ 조동사의 역할과 종류

1] 조동사의 역할

조동사의 역할을 정리해 보면 크게 3가지로 나누어 볼 수 있습니다.

① do동사는 일반동사의 의문문, 부정문을 만드는 역할을 합니다.

Do you **work out** regularly?

규칙적으로 운동을 하시나요?

They **don't care** about the environment.

그들은 환경에 신경 쓰지 않는다.

② have동사는 완료형 시제의 문장을 만들어 줍니다.

He **has been sleeping** for over 10 hours.

그는 10시간 넘게 자고 있다.

③ 법조동사는 동사 앞에 위치해서 미래, 가능, 의무, 허락, 추측 등을 표현할 수 있도록 도 와줍니다.

This crisis **will bring** us together.

이번 위기는 우리를 뭉치게 할 것입니다. (미래)

will	미래	I **will** wake you up at 6. 6시에 너 깨울 거야.
can	가능	He **can** play the oboe. 그는 오보에를 연주할 수 있다.
must	의무, 강한 가능성	I **must** finish my homework now. 나는 당장 숙제를 끝내야 해.
may	허락, 약한 가능성	You **may** use my pen. 내 펜 써도 돼.
should	의무	You **should** be kind to others. 다른 사람들에게 항상 친절하여라.

2) 기타 조동사

ought to	의무 (should와 유사)	He **ought to** give her a chance. 그는 그녀에게 기회를 주어야 한다.
have to	의무 (must와 유사)	I **have to** finish this job. 난 이 일을 마쳐야 해.
used to	과거의 규칙적인 습관이나 상태	She **used to** go to church. 그녀는 교회에 다녔었다. It **used to** be a church. 이곳은 예전에 교회였어.
would	과거의 불규칙한 습관	We **would** go swimming together. 우린 함께 수영하러 다니곤 했지.
had better	충고	You **had better** sleep now. 너 지금 자는 게 낫겠다.

※ to부정사를 취하는 조동사 ought, have, used는 직관적인 이해를 돕기 위해 ought to, have to, used to로 표기하였음.

Shocking Tip!

Can이 있는데 왜 be able to를 쓸까?

can과 be able to는 동사의 가능성을 긍정으로 표현해 주는 조동사들이다. 둘은 완전히 똑같은 의미가 아니며, be able to는 can을 쓸 수 없는 상황에서 대신 사용할 수도 있다.

첫째, 조동사를 두 개 연속으로 사용할 수 없는 경우

He will ~~can~~ come to the party. (X)
→ He will be able to come to the party. (O)
그는 파티에 올 수 있을 거예요.

둘째, 의미상의 차이가 존재하는데 can은 가능성, be able to는 능력

You can buy me a house. (가능)
당신은 내게 집을 사줄 수 있어.
You are able to buy me a house. (능력)

It can be wrong. (O)
그게 틀릴 수도 있어.
→ It is able to be wrong. (X)

❸ 조동사의 사용 규칙

조동사는 동사 없이 존재하지 않으며 사용하는데 있어서 고유의 규칙이 존재합니다. 우선 조동사도 동사라는 개념이 중요합니다. 즉, 조동사 뒤에 오는 동사를 일반적으로 본동사라고 하는데, 좀 더 정확하게 표현하자면 원형부정사입니다. 즉, 조동사와 본동사라는 말은 편의상 상대적인 관점에서 구별한 것일 뿐, 본동사만이 진짜 동사라는 의미가 아닙니다. 조동사 뒤에 원형부정사가 오거나 분사가 오는 이유도 하나의 단문에 동사는 하나밖에 존재하지 않는다는 기본 원칙에 위배되지 않기 위함입니다.

Do (Can) you **play** golf? / I **am** **sleeping**. / I **have** **finished**.
   조동사   원형부정사   조동사   분사   조동사   분사

> 조동사도 동사다.

조동사가 일반동사와 다른 점들은 바로 조동사의 사용 규칙에 있습니다.

1) be동사

① **be동사가 수동태 문장의 조동사로 사용될 때는 과거분사를, 진행형 문장의 조동사일 때는 현재분사를 취합니다.**

The forest **was** **destroyed** by fire.
그 숲은 화재로 소실되었다. (수동태)

I **am** **doing** my best.
최선을 다하고 있는 중이에요. (진행)

② **be동사 뒤에 to부정사가 오면 결정된 미래를 나타냅니다.**

My mission **is** **to help** people in need.
내 임무는 어려운 사람들을 돕는 거야.

참고로 be동사가 조동사가 아닌 상태라면, 다시 말해 동사가 be동사 밖에 없는 문장이라면, 그것은 보어를 취하는 **불완전자동사**로 사용된 것입니다. 본 책 제7장 동사 챕터에서 be동사는 연결어 개념임을 설명드린 바 있으니 참조하시기 바랍니다.

She **is** **<u>beautiful</u>**. 그녀는 아름답다.
　　 S　　V　　　C (V는 S와 C를 연결, C는 주격보어)

2) do동사

① do동사는 인칭과 시제의 영향을 받으며 다음의 3가지 상황에서 원형부정사를 취합니다.

i. 일반동사의 의문문

＊ 인칭과 시제의 영향을 단독으로 받음

<u>Did</u> you **<u>eat</u>** anything? 뭐 좀 먹었니?
원형부정사 사용

ii. 일반동사의 부정문

＊ 인칭과 시제의 영향을 단독으로 받음

I **<u>didn't</u>** **<u>eat</u>** anything. 아직 아무것도 안 먹었어.
원형부정사 사용

iii. 동사 강조

＊ 인칭과 시제의 영향을 단독으로 받음

He **<u>does</u>** **<u>speak</u>** Spanish. 그는 정말 스페인 말을 한다.
원형부정사 사용

3) have동사

① have가 의무를 나타내는 조동사로 사용될 때는 to부정사를 목적어로 취합니다.

You **have to fold** your blankets.
이불 정리를 꼭 해야 한다. (의무)

② have가 완료형 문장의 조동사로 사용될 때는 과거분사를 취합니다.

It **has been** a year since we met.
우리 만난 지 1년 되었어. (완료)

4) 법조동사

① 법조동사의 경우 주어의 인칭에 영향을 받지 않아요.

3인칭 단수 현재라 하더라도 조동사 뒤에 -s를 붙이지 않지요.

→ It wills rain. He cans sing. She musts eat.

② 법조동사 뒤에는 원형부정사가 오며 현재분사나 과거분사는 올 수 없어요.

→ I can meeting, I will destroyed

③ must는 과거형이 없어요.

He **must** have done this.

그가 저지른 게 분명해. (과거의 일)

법조동사 뒤에는 언제나 원형부정사가 온다.

조동사 뒤에 올 수 있는 동사의 형태를 표로 정리해 보면 다음과 같습니다.

	부정사	현재분사	과거분사
be	O (to부정사: 결정된 미래)	O (진행형)	O (수동형)
do	O (원형부정사: 의문, 부정, 강조)	X	X
have	O (to부정사: 의무)	X	O (완료형)
법조동사	O (원형부정사)	X	X

❹ 다양한 조동사 활용의 예

1) 과거 사실에 대한 추측

could have p.p. ~했을 수도 있다 (과거의 추측)

He **could have been** involved in a crime.
그는 범죄에 연루되었을 수도 있었다. (과거 추측)

You **could have given** me another chance.
당신은 나에게 기회를 한 번 더 줄 수도 있었다. (하지만 주지 않았다)

과거 사실에 대한 추측이며 맥락에 따라 화자의 원망이 포함될 수 있는 표현입니다. 결국엔 그렇게 하지 못했다는 사실을 담고 있어요.

2) 과거 사실에 대한 확신(단정적)

cannot have p.p. ~했을 리가 없다 (과거의 강한 추측)

He **cannot have cursed**
at me behind my back.
그가 내 뒤에서 내 욕을 했을 리가 없다. (그럴 리가 없다)

과거 사실에 대해 부정적으로 강한 추측입니다. 절대 그랬을 리가 없다고 확신하는 화자의 단정적인 태도를 보여줍니다.

3) 과거 사실에 대한 추측(약함)

may have p.p. 아마 ~했을지도 모른다 (과거의 불확실한 추측)

He **may have passed** the tollgate.
그는 톨게이트를 통과했을 수도 있다. (안 했을 수도 있고...)

과거 사실에 대한 약한 추측이며 might have p.p.로 사용하면 좀 더 약한 추측이 됩니다.

4) 과거 사실에 대한 추측(강함)

must have p.p. ~했음에 틀림없다 (과거의 강한 추측)

She **must have won** the lottery.

그녀는 복권에 당첨되었음이 틀림없다.

과거 사실에 대한 강한 추측입니다.

5) 과거 사실에 대한 유감, 후회

should have p.p. ~했어야 했다 (과거의 유감, 후회)

I **should have been** there for you.

너와 함께 있어 줬어야 했는데... (그때 그렇게 하지 못해 유감)

과거 사실에 대한 유감을 나타내는 표현입니다. 그렇게 했어야 했는데 어떤 사정으로 그렇게 하지 못했다는 사실에 대해 후회하거나 유감을 나타냅니다.
같은 형태이지만 과거의 일에 대한 추측을 나타낼 수도 있으니 전후 맥락을 판단해서 해석해야 할 경우도 있어요.

I'm not sure, but the bike **should have been sold** already.

확실하진 않지만, 아마 그 자전거는 이미 팔렸을걸? (과거 추측)

위 두 예문 모두 '그렇게 했어야 한다는' 당위성을 전제로 삼고 있기 때문에 그렇지 못한 것에 대한 유감 표명도 가능하고, 직접 확인하지 못한 일들에 대해서는 추측의 뉘앙스도 가능한 것입니다.

❺ 조동사의 의미적 강도

조동사는 동사의 강도를 제어하며 문장의 의미를 보다 명료하게 나타내는 역할을 하지요. 그 강도가 어떤지 아래 표를 통해 알아볼까요?

1) 추측

might · may · could · can · should · ought · would · will · must

불확실   확실

2) 의무감

don't have to · don't need to · need not · ought to · need to · have to · must

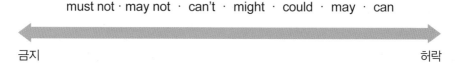

약함   강함

3) 허가

must not · may not · can't · might · could · may · can

금지   허락

Shocking Tip!

조동사 TMI

조동사 다음에 오는 동사는 원형동사가 아니라 원형부정사라고 앞서 설명을 했지만 이는 문법이론 중의 하나이며, 기초 학습자의 입장에서는 그 구별 또한 별로 중요하지 않다. 어차피 둘 다 동사원형의 모습을 가지고 있기 때문이다. 사용자의 입장에서는 오히려 '**조동사 다음엔 동사원형이 온다**'는 명제를 외우고 있는 편이 훨씬 효과적이다. 그리고 학교 문법에서 배운 대로 have가 완료형을 만드는 조동사로 사용될 때는 과거분사를 취한다는 것과, 그 외 have to, used to, ought to 등은 기타 조동사로써 법조동사처럼 동사원형을 취한다는 것으로 기억해 두어도 좋다.

01 I [will | want] live forever. So far, so good.

나는 영원히 살려고 해. 지금까진 잘 되고 있어.

02 You [don't | can't] have everything. Where would you put it?

모든 것을 다 가질 수는 없어. 어디에 다 두겠어?

03 A: Sorry, I'm not doing anything this weekend.

미안해, 이번 주말엔 아무것도 안 하려고 해.

B: Okay, we can [do | doing] nothing together.

좋아, 우리 함께 아무것도 안 할 수 있어.

04 You can't be real. [Will | May] I pinch you to see if you're a real human being?

진짜일 리가 없어요. 당신이 진짜 사람 맞는지 보게 좀 꼬집어봐도 될까요?

05 A: [Will | May] you say hello to IU when you see her?

아이유 만나면 내 안부 좀 전해 줄래?

B: Go get her autograph yourself.

사인 받으러 직접 가.

06 She does [look | looks] tired.

그녀는 정말 피곤해 보인다.

answers

1. will   **2.** can't   **3.** do   **4.** May   **5.** Will   **6.** look

07 A: Are you saying that you [are able to | could] write
letters when you were 1?
네가 한 살 때 글자를 쓸 줄 알았다고?

B: Yes, those my dad couldn't even read.
응, 우리 아빠는 심지어 그걸 보고 읽지도 못했대.

08 Motorcycles also [have to | need] stop when the traffic
lights are red.
오토바이들도 신호등이 빨간 불일 땐 멈추어야 한다.

09 A: I saw a documentary movie about the Sahara Desert.
사하라 사막에 관한 다큐멘터리 영화를 봤어.

B: Have a drink, then. You [should | must] be thirsty.
한 잔 마셔. 목 마를 텐데.

10 It's hot outside. You'd better [take off | taking off] your coat.
밖은 더워. 코트는 벗는 게 좋을 거야.

11 He [used to | would] live here, but he has moved.
그 사람 옛날에 여기 살았는데 이제는 이사 가고 없어.

12 A: How happy we were on the day of her birthday party!
그녀의 생일 파티 날 우리가 얼마나 행복했는지!

B: I know! She [should | would] have invited us too.
맞아! 그녀는 우리들도 초대했어야 했어!

answers
_____

7. could   **8**. have to   **9**. must   **10**. take off   **11**. used to   **12**. should

14
접속사

14 접속사

너와 나의 연결 고리!

❶ 접속사는 이런 것

접속사는 말과 말을 연결시켜 주는 역할의 품사입니다. 접속사가 있기 때문에 문장이 길어지고 복잡해 보이기도 하지만 그 복잡한 문장이 논리적인 구조를 갖게 되는 것 또한 접속사의 몫입니다.

물론 접속사가 연결하는 대상을 제대로 파악하지 못하면 자칫 문장을 오해할 수도 있어요. 접속사 파트에서는 그 연결 대상들을 잘 찾아내고 상호 관계를 파악하는 것이 가장 중요합니다.

> 접속사 때문에 문장이 길어지고 복잡해 보이지만,
> 접속사 덕분에 상호 관계를 확실히 알 수가 있다.

어떤 종류의 연결 접속을 담당하고 있는지에 따라 다음과 같은 접속사들이 있답니다.

❷ 등위접속사

등위접속사란 문법적으로 대등한 2개 이상의 단어, 구, 또는 문장끼리 연결해 주는 접속사입니다. 문법적으로 대등한 위치에 있는 것들끼리 연결시키는 역할을 하기 때문에 '등위접속사'라는 표현을 사용하지요.

단어 + 등위접속사 + 단어

구 + 등위접속사 + 구

절 + 등위접속사 + 절

대표적인 등위접속사로는 and, or, but, so, for 등이 있습니다.

Joey has been to <u>Korea</u> **and** <u>the United States</u>.
(대등한 '단어'끼리 연결)

Joey는 한국과 미국을 가본 적 있다.

Do you want to <u>stay at home</u> **or** <u>go out for lunch</u>?
(대등한 '구'끼리 연결)

집에 있을래 아니면 나가서 점심 먹을래?

<u>I like swimming</u>, **but** <u>I don't want to do it now</u>.
(대등한 '절'끼리 연결: 역접을 나타내는 접속사 but)

수영은 좋아하는데 지금은 하고 싶지 않아.

<u>Jack worked out hard</u>, **so** <u>he lost a lot of weight</u>.
(대등한 '절'끼리 연결: 결과를 나타내는 접속사 so)

Jack은 열심히 운동을 해서 살을 많이 뺐다.

<u>Suji trusted him</u>, **for** <u>he had never let her down</u>.
(대등한 '절'끼리 연결: 이유를 나타내는 접속사 for)

Suji는 그가 그녀를 실망시켰던 적이 없었기 때문에 그를 믿었다.

❸ 종속접속사

주절과 종속절을 연결하는 접속사를 종속접속사라고 합니다.

여기 2개의 문장이 있다고 가정해 볼까요? 그중 하나가 결론이나 본론에 해당하는 서술을 하고 있다면 그것을 **주절**이라 합니다. 다른 하나는 **종속절**이 되는데, 주절의 전후 사정에 해당하는 이유나 조건, 양보의 내용을 담고 있어서 종속절이라 합니다.

종속절은 주절과의 관계에서 말 그대로 종속적인 존재이긴 하지만 주어, 목적어, 보어 역할의 문장을 이끌기도 하고 주절과 대등한 동격의 문장을 이끌기도 합니다.

주절   ► 이유를 나타내는 종속접속사
I'm tired because

종속절
<u>I couldn't sleep well last night</u>.
어젯밤 잠을 설쳤더니 피곤하다.

그렇다면 종속접속사에는 어떤 형태들이 존재하는지 하나씩 알아보도록 하겠습니다.

1) 명사절을 이끄는 종속접속사

that / whether / if / 의문사

명사절을 이끄는 종속접속사로서 대표적인 단어는 that, whether, if, 그리고 의문사가 있어요. 이들은 명사절을 이끄는 만큼 그 종속절은 주절의 주어가 되거나, 목적어, 보어, 또는 동격의 종속절이 되기도 한답니다.

① 주어 역할

That he is innocent is true.
         S   V C

그가 결백하다는 것은 사실이다.

→ It is true **that** he is innocent.
  주절   종속절(진주어)

위 문장은 It(가주어), that(진주어) 구문으로 접속사 that이 이끄는 종속절이 실제 주어 역할을 하고 있음을 보여줍니다.

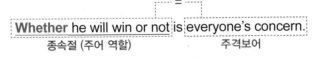

Whether he will win or not is everyone's concern.
종속절 (주어 역할)   주격보어

그가 우승할 수 있을지 없을지는 모두의 관심사이다.

위 문장은 접속사 whether가 이끄는 종속절이 주어 역할을 하고 있어요. 아래와 같이 명사절에 속하는 종속절이기 때문에 주어 자리에 위치할 수 있었지요.

→ <u>Whether he will come or not</u> ; 그가 올지 안 올지 **(명사절)**

② 목적어 역할

I think **(that)** it will rain tomorrow.
　　주절　　　　　종속절(명사절)

내일 비가 올 것 같아요.

접속사 that이 이끄는 종속절이 think의 목적어 역할을 하고 있어요. That은 명사절을 이끄
는 접속사이므로 목적어 자리에 위치할 수 있지요. 이때, 목적어 부분의 접속사 that은 생
략이 가능합니다.

I wonder **if** you could help me.
　주절　　　　종속절(명사절)

네가 날 도와줄 것인지 궁금하다.

위 예문은 접속사 if가 명사절을 이끌며 종속접속사 역할을 하고 있어요. 이 종속절 역시
명사절로서 wonder의 목적어 역할을 하고 있지요.

Can you tell me **what** it is?
　주절　　　　종속절(명사절)

그게 뭔지 말해줄 수 있니?

의문사 what이 명사절을 이끌며 종속접속사 역할을 하고 있어요. 이 종속절은 주절의 동
사 tell의 직접목적어 역할을 하고 있습니다.

③ 보어 역할

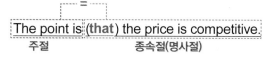

The point is **(that)** the price is competitive.
　주절　　　　　종속절(명사절)

중요한 것은 가격 경쟁력이 있다는 것이다.

that이 이끄는 종속절이 주절의 주격보어 역할을 하고 있어요. 보어의 경우에도 접속사
that은 생략이 가능합니다.

④ 동격

There is a saying that blood is thicker than water.
　　　　　주절　　　　　　　종속절(명사절)

피는 물보다 진하다는 말이 있다.

위 문장은 주절의 보어인 saying과 접속사 that이 이끄는 내용이 서로 동일한 동격 구조를
이루고 있어요.

2) 조건의 부사절을 이끄는 종속접속사

if / unless

① if (~한다면)

If you leave right now, you won't be late.
　　종속절(부사절)　　　　　　　주절

지금 출발하면 늦지 않을 거야.

② unless (~하지 않는다면)

Unless you take medicine, it'll get worse.
　　종속절(부사절)　　　　　　　주절

약을 먹지 않으면 더 나빠질 거야.

그 외에도 조건의 부사절을 이끄는 종속접속사로 **as long as**(~하는 한)도 있어요.

3) 시간의 부사절을 이끄는 종속접속사

when / while / as / before / after / until / since / once

① when (～할 때)

When I called her, she was on the phone.
　　종속절(부사절)　　　　　　　주절

전화를 걸었을 때 그녀는 통화 중이었다.

② while (～하는 동안에)

She took care of me **while** I was unconscious.
　　주절　　　　　　　종속절(부사절)

의식이 없는 동안 그녀는 나를 돌봐 주었다.

③ as (～할 때 / ～하면서)

As he looked into the mirror,
　　종속절(부사절)

he thought he was cool.
　　주절

거울을 보면서 그는 멋지다고 생각했다.

④ before (～하기 전에)

I woke up **before** the sun rose.
　주절　　　　종속절(부사절)

해 뜨기 전에 나는 일어났다.

⑤ after (～한 이후에)

After he got married, he worked harder.
　종속절(부사절)　　　　주절

결혼한 뒤에 그는 더욱 열심히 일을 했다.

⑥ until (〜할 때까지)

I kept eating **until** I was full.
　　　주절　　　　종속절(부사절)

나는 배가 부를 때까지 계속해서 먹었다.

⑦ since (〜한 이래로)

I've heard nothing **since** he left.
　　　주절　　　　종속절(부사절)

그가 떠난 후 나는 아무 소식도 듣지 못했다.

⑧ once (일단 〜하면)

Once you taste it, you can't get out of it.
　종속절(부사절)　　　　　　　주절

일단 한번 맛을 보면 거기서 헤어나지 못해.

그 외에도 시간의 부사절을 이끄는 종속접속사로 다음과 같은 접속사들이 있어요.

as soon as (〜하자마자), every time (〜할 때마다), by the time (〜할 때쯤), …

4) 이유의 부사절을 이끄는 종속접속사

as / because / since

① as (〜때문에, 〜이므로)

As I came the earliest,
　종속절(부사절)

I was able to enter first.
　　　주절

내가 제일 일찍 왔기 때문에 먼저 들어갈 수 있었다.

② because (〜때문에, 〜이므로)

I bought the painting **because** I liked the vibe of it.
주절　　　　　　　　　　　종속절(부사절)

나는 그 그림의 느낌이 좋아서 구매했다.

③ since (〜때문에, 〜이므로)

Since he was an expert, I entrusted him with everything.
종속절(부사절)　　　　　　　　　　　주절

그가 전문가라서 모든 것을 일임했다.

그 외에도 이유의 부사절을 이끄는 종속접속사로 **now that** (〜이므로)도 있어요.

5) 양보의 부사절을 이끄는 종속접속사

> **if / while / (al)though**

① if (〜할지라도, 만약 〜일지라도)

I'll try this **if** it takes a lifetime.
주절　　　　종속절(부사절)

평생 걸린다 해도 난 이 일에 도전할 거야.

이때 조건의 if와 혼동되지 않도록 맥락을 잘 파악해야 해요.

② while (〜할지라도, 비록 〜이지만)

While there was little chance, they fought for victory.
종속절(부사절)　　　　　　　　　주절

가능성은 거의 없지만 그들은 이기려고 싸웠다.

③ (al)though (~할지라도, 비록 ~이지만)

<u>Though she lacked skills,</u> <u>she was full of confidence.</u>
　　　종속절(부사절)　　　　　　　　　　　주절

실력은 부족했지만 그녀는 자신감이 가득했다.

그 외에도 양보의 부사절을 이끄는 종속접속사로 although, even though, even if 등도 있
어요. although는 though와 차이가 없다고 봐도 무방하고, even이 붙어있는 접속사는 좀
더 강한 어조라고 보면 됩니다.

Shocking Tip!

even if 와 even though의 차이점은?

둘 다 양보절을 이끄는 접속사이지만 확연히 다른 의미상의 차이가 존재한다.

I'll buy even if it is expensive. (가정)
I'll buy even though it is expensive. (사실)

even if는 아무래도 가정법의 대명사 if를 기반으로 한 표현이기 때문에 '가정'의 뉘앙스가 강하다.
그러므로 **가격을 아직 잘 모르지만 만약 비싸다 하더라도 사겠다**는 표현인 반면에,
even though는 **비싼 가격을 확인했지만 그럼에도 불구하고 사겠다**는 의미의 표현이다.

❹ 상관접속사

1) 상관접속사 사용 시 유의점

상관접속사란 등위접속사가 다른 단어와 짝을 이루어 보다 견고하게 연결성을 강화하는
것입니다. 상관접속사의 목적은 드러내고자 하는 그 연결의 성격을 분명하게 나타내고자
하는 것이며, 지칭하는 대상이 정확히 무엇과 무엇인지를 확실하게 나타내기 때문에 특히
수, 인칭의 일치에 신경을 써야합니다.

2) 상관접속사의 종류

① both A and B (A와 B 모두 다)

Both my friend and I were shocked to hear the news.

친구와 나는 그 뉴스를 듣고 둘 다 놀랐다.

Both A and B는 둘 다 포함한다는 뜻이므로 복수 취급을 합니다.

② either A or B (A 혹은 B 둘 중에 하나)

Either you or she has to take responsibility.

당신이나 그 여자 둘 중에 한 명은 책임을 져야 해요.

Either A or B는 둘 중에 하나만을 취하는 접속사이지만 수의 일치는 B를 기준으로 합니다.

③ neither A nor B (A도 아니고 B도 아닌)

Neither love nor honor is eternal.

사랑도 명예도 모두 영원하진 않다.

Neither A nor B는 A도 B도 둘 다 아니라는 뜻이지만 수의 일치는 B를 기준으로 합니다.

④ not only A but also B (A뿐만 아니라 B도)

Not only you but also Jack collects classical albums.

너 뿐만 아니라 Jack 역시 클래식 음반을 수집하지.

Not only A but also B는 A뿐만 아니라 B도 포함한다는 뜻입니다. 하지만 both A and B 와는 달리 수의 일치는 B를 기준으로 합니다. 그 이유는 B를 강조하기 위해 비교 대상으로 A를 포함한 것이기 때문입니다.

⑤ B as well as A (A뿐만 아니라 B도)

She as well as you needs to practice.
그녀도 너처럼 연습이 필요하다.

B as well as A는 Not only A but also B를 뒤집은 버전으로 생각하면 됩니다. B가 강조되는 부분입니다. 다른 상관접속사와는 다르게 B를 앞으로 배치한 이유이기도 하지요.
상관접속사의 수의 일치는 중요하며 위 예문들 모두 B에 수의 일치가 되어 있음을 명심해야 합니다.

01 She is not only intelligent [   ] also very funny.
그녀는 지적일 뿐만 아니라 매우 재미있기도 하다.

02 I want to know [if | how] he will accept my offer.
그 사람이 나의 제안을 받아들일지 알고 싶다.

03 Both you and he [is | are] supposed to do the job.
너와 그 사람 둘 다 그 일을 해야 한다.

04 Life is short. Smile [while | during] you still have teeth!
인생은 짧다. 이가 남아있을 때 많이 웃어라!

05 Be careful, [or | and] you will touch a beehive.
조심해, 안 그러면 벌집을 건드리게 될 거야.

06 Which do you prefer, coke [or | and] beer?
콜라와 맥주 중에 어느 것이 더 좋아요?

07 A: What do you want to eat for dinner?
저녁으로 뭐 먹고 싶어?
B: I want to eat not only steak [and | but] also raw fish.
난 스테이크도 먹고 싶을 뿐만 아니라 생선회도 먹고 싶어.

answers

1. but   **2**. if   **3**. are   **4**. while   **5**. or   **6**. or   **7**. but

08 No one knows [that | whether] there is an afterlife.
사후세계가 있는지 없는지 아무도 모른다.

09 [Once | Though] you taste kimchi, you can't eat rice without it.
일단 김치에 맛을 들이게 되면, 김치 없이는 밥을 못 먹는다.

10 She had waited [since | until] her son walked to her on his own.
그녀는 아들이 혼자 힘으로 그녀에게 걸어올 때까지 기다렸다.

11 Do your best, [or | and] someday you'll get what you want.
최선을 다해라, 그러면 언젠가 네가 원하는 것을 가지게 될 거야.

12 [However | Although] I forgot my parachute, I will never give up. By the way, where am I?
내가 비록 낙하산을 깜빡 잊기는 했지만 절대 포기는 안 해. 그런데, 여긴 어디?

13 She would never come unless she [is | isn't] invited.
그녀는 초대받지 않고는 절대 오지 않을 거야.

14 She as well as I [speak | speaks] English fluently.
나뿐만 아니라 그녀도 영어를 유창하게 구사한다.

15 Either you or I [am | are | is] wrong.
너나 나 둘 중에 한 사람은 틀렸어.

answers

8. whether   **9.** Once   **10.** until   **11.** and   **12.** Although   **13.** is   **14.** speaks   **15.** am

15
관계대명사

15 관계대명사

내가 나서면 문장이 깔끔해집니다.

---

❶ 관계사

두 개의 영어 문장에서 공통적인 요소가 있다면 그것을 이용하여 하나의 문장으로 만들 수가 있어요. 이때 두 문장을 연결하는 접속사는 양쪽 문장 모두와 관련 있는 단어의 종류에 따라 정해져 있어요. 이런 종류의 접속사를 관계사라고 하며 관계대명사와 관계부사로 나눕니다.

1) 관계대명사란?

앞서 설명한 대로, 관계대명사는 접속사처럼 두 개의 문장을 연결해 주는 역할을 합니다. 그렇기 때문에 접속사의 일종이라고 볼 수 있지요. 일반적인 접속사와의 차이점을 들자면, 관계대명사는 두 문장에 공통적으로 속하는 단어를 이용해서 하나의 문장으로 만든다는 것입니다. 공통적으로 속하는 그 단어를 '선행사'라고 부릅니다. 그리고 관계대명사가 이끄는 문장은 앞장에서 익혔던 접속사의 종속절에 해당한다고 볼 수 있어요.

Jack bought a **cap**. Jack은 모자 하나를 샀다.

┌→ 공통요소 ←┐

The **cap** was made of fur. 그 모자는 모피로 만들어졌다.

위 두 문장에서 공통적으로 속하는 단어는 cap입니다.

이를 이용하여 하나의 문장으로 만들어 볼까요?

Jack bought **a cap**,

+ **and it** was made of fur.

→ Jack bought **a cap which** was made of fur.

Jack은 모피로 만든 모자를 샀다.

이처럼 **관계대명사**는 **접속사** + **대명사**의 역할을 합니다.
  which   and   it

❷ 관계대명사의 용어들

1) 선행사란?

앞에서 잠깐 소개했듯이, 선행사는 연결하고자 하는 양쪽 문장 속에 공통으로 들어있는 요소를 말합니다.

선행사   관계대명사
Jack bought **a cap which** was made of fur.

단, 선행사는 반드시 명사나 명사 상당어구여야만 합니다.

선행사는 "앞에서 가는 말"이라는 뜻인데 무엇의 앞일까요? 바로 관계대명사나 관계부사의 '앞'을 의미하지요. 하지만 아래 예문처럼 반드시 바로 앞자리에 위치하지 않을 수도 있으니 어느 단어가 선행사인지 파악하는 것은 매우 중요합니다. 왜냐하면, 그 선행사의 종류와 역할에 따라 관계사(관계대명사, 관계부사)의 종류도 결정되기 때문이에요.

선행사
I saw **the movie** yesterday **that** you recommended before.
수식 (관계대명사절이 선행사를 수식)

나 어제 네가 전에 추천했던 영화를 봤어.

관계대명사 바로 앞은 yesterday이지만 선행사는 아닙니다. yesterday가 명사가 아닌 부사이기 때문에 선행사가 될 수 없는 이유도 있지만, 예전에 추천한 것이 'yesterday'라는 의미가 아니라는 것을 맥락을 통해 알 수 있기 때문이지요.

2) 선행사는 왜 명사인가?

아래 예문에서 보듯 관계대명사 which가 이끄는 문장이 선행사 a device를 수식하고 있는 구조입니다. 그래서 관계대명사절은 형용사절이 되고 a device는 형용사의 수식을 받는 명사여야만 하는 것이지요.

명사(선행사)   형용사절
A clock is **a device** which tells you the time.

시계는 시간을 알려주는 장치이다.

3) 한정적 용법의 의미는?

아래의 예문에서 보듯 Jack이 먹었던 banana는 껍질이 분홍색인 특이한 바나나입니다. 그러므로 바나나 중에서도 '껍질이 분홍색인' 바나나를 '한정' 지어서 하는 말이 됩니다. 색깔에 대한 '제한' 요소가 있지요. 그래서 이런 식으로 일정한 '제한'을 두는 수식의 방법을 '한정적 용법' 혹은 '제한적 용법'이라고 합니다.

Jack ate a banana <u>whose</u> skin was pink.
한정적 용법의 관계대명사

Jack은 껍질이 분홍색인 바나나를 먹었다.

예를 들어 아래와 같은 문장은 어떻게 느껴지나요?

I want an iced coffee which is cold. (어색)
나는 차가운 아이스커피를 원해.

위 문장은 아이스커피가 차가운 것임을 누구나 알고 있는 사실이지요? 그럼에도 불구하고 차가운 아이스커피로 제한하는 한정적 용법을 사용했기 때문에 어색한 문장입니다. 반면에, 아래의 문장은 같은 형태이지만 한정적 용법이 가능한 내용이지요.

I want an iced coffee which is topped with ice cream.
나는 아이스크림이 얹어진 아이스커피를 원해.

한정적 용법은 다음 표의 내용에서 보듯, 불특정한 존재를 어떤 특정한 조건에 부합하는 대상으로 제한함으로써 그것을 보다 구체적으로 명시하는 것입니다.

한정적 용법 (제한적 용법)	
형용사	관계대명사의 형용사절
wise people 형용사 명사	We want **someone who is good at math.** 명사(선행사) 형용사절(관계대명사절)
앞의 형용사가 뒤에 있는 명사를 한정 (현명한 사람들)	사람들 중에서도 '수학을 잘 하는' 사람으로 한정

4) 계속적 용법의 의미는?

관계사의 수식 방법에는 위 '한정적 용법' 외에 '계속적 용법'이 있답니다.

I read **a book**, <u>which</u> was remarkably interesting.
and + it

나는 책을 한 권 읽었는데 그것은 무척 흥미로웠다.

계속적 용법은 주절의 선행사를, 관계대명사가 이끄는 종속절의 주어로 활용하여 계속해서 문장을 이어 나가는 것을 말합니다. 그렇기 때문에 순서대로 해석해 나가다가 관계대명사 부분은 '접속사 + 대명사'의 형태로 풀어나가는 것이 자연스럽습니다.
또한, 계속적 용법의 관계대명사는 앞 문장 전체를 선행사처럼 취할 수 있어요.

<u>The boy climbed the mountain alone</u>, **which** was amazing.

그 소년이 혼자 그 산을 올랐는데, 그것은 정말 놀라운 일이었다.

위 문장의 선행사는 언뜻 보기에 the mountain으로 생각되지만 그럴 경우 which는 the mountain을 지칭하게 되며 그것은 산 중에서도 amazing한 산을 올랐다는 뜻이 됩니다. 하지만 이 문장의 목적은 '그 소년이 혼자 산을 올랐다는 것'이 놀라운 일임을 표현하고자 하는 것입니다. 이런 경우 관계대명사 which 앞에 콤마를 찍게 되는데 이것이 바로 앞 문장 전체를 관계대명사로 받아내는 계속적 용법의 관계대명사입니다.

한정적 용법	계속적 용법
I read **a book** which was remarkably interesting.	I read **a book**, which was remarkably interesting.
"나는 무척 흥미로운 책을 한 권 읽었다."	"나는 책을 한 권 읽었는데 그것은 무척 흥미로웠다."
관계대명사 앞에 콤마가 **없다.**	관계대명사 앞에 콤마가 **있다.**
선행사의 **의미를 명확하게 제한**하기 위함이다.	분명히 드러난 선행사를 이용하여 **부가적인 설명을 추가**하기 위함이다.

❸ 관계대명사의 종류

which | who, whom, whose | that | what

1) which & who, whom, whose

① 주격 관계대명사의 경우

선행사가 사물이나 동물일 때는 which를 사용하고, 사람일 때는 who를 사용합니다. 단, 관계대명사 that은 선행사가 무엇이든 상관없이 사용할 수 있어요. 선행사가 관계대명사절의 주어가 되는 구조이므로 관계대명사절의 동사는 선행사의 수에 일치시켜야 합니다.

I have **a dog** which cries like a cat.

나는 고양이처럼 우는 강아지가 있다.

He is **a teacher** who majored in English.

그는 영어를 전공한 교사다.

② 목적격 관계대명사의 경우

선행사가 사물이나 동물일 때는 which를 사용하고, 사람일 때는 who(m)을 사용합니다. 이때도 that은 선행사의 종류와 상관없이 사용 가능합니다. 그리고 목적격 관계대명사는 생략 가능해요.

I bought **a TV (which)** I wanted to have.

내가 갖고 싶던 TV를 구매했다.

She is **a star (who(m))** everyone wants to meet.

그녀는 누구나 만나고 싶어하는 스타다.

③ **소유격 관계대명사의 경우**

어떤 종류의 선행사가 오든지 상관없이 whose를 사용합니다.

She was a girl **whose** eyes were bright with curiosity.

그녀는 호기심으로 반짝거리는 눈을 가진 소녀였다.

2) that

관계대명사 that은 선행사의 종류와 상관없이 사용할 수 있어요. 그리고 심지어 주격, 목적격의 형태가 따로 없이 that 그대로 사용하기 때문에 which, who, whom을 막론하고 그 자리에 사용할 수 있지요. 다만 어감상의 차이가 존재할 수 있기 때문에 구체적인 묘사가 필요하거나 형식을 중요시하는 경우인지는 살펴볼 필요가 있어요.

She likes **the man that** played the piano. (주격)

그녀는 피아노를 연주했던 그 남자를 좋아한다.

I loved **the song that** you sang for me. (목적격)

니가 나를 위해 불러주었던 노래가 참 좋았어.

단, 관계대명사 that은 전치사 다음에 쓸 수는 없어요.

He has a special pen **with that** he writes his novel. (**X**)
→ He has a special pen **with which** he writes his novel.(**O**)
그는 자신의 소설을 쓸 때 사용하는 특별한 펜을 가지고 있다.

그리고 관계대명사 that만 사용해야 하는 경우도 있어요.

① 최상급이나 서수가 선행사 앞에 올 때

Armstrong was **the first** man **that** stepped on the moon.
암스트롱은 달에 발을 디딘 첫 번째 사람이다.

② 다음과 같은 수식어가 선행사 앞에 올 때

all, every, the only, the same, the very

He has **the same** pen **that** I lost.
그는 내가 잃어버린 것과 같은 펜을 가지고 있다.

pen은 원래 관계대명사 that과 which를 사용할 수 있는 사물이긴 하지만, 예문처럼 the same이 수식하고 있는 상태라면 관계대명사 that을 사용합니다.

3) what
what은 유일하게 선행사를 포함하고 있는 특별한 관계대명사이지요.

What I had to do was very simple. (주어 역할)
내가 했어야 할 일은 매우 간단했다.

I'll tell you **what** you should do. (목적어 역할)
네가 해야 할 일을 말해주마.

위의 두 문장에 들어있는 what은 모두 관계대명사이며 앞에 선행사로 보이는 명사가 없습니다. what은 선행사를 포함하고 있기 때문에 이때 자연스러운 해석은 what을 the thing which로 풀어서 이해하면 도움이 됩니다.

What he lost was an iron ax.

→ **The thing which** he lost was an iron ax.

그가 잃어버린 것은 쇠도끼였다.

❹ 복합관계대명사

---

whoever, whomever | whichever | whatever

복합관계대명사 역시 what처럼 선행사를 포함하고 있는 관계대명사입니다. who, which, what 뒤에 ever를 붙여서 만들지요. 각각 다음과 같이 해석합니다.

whoever	anybody who	~하는 사람은 누구라도
	I'll give the ticket to **whoever** comes first. 누구든 맨 먼저 오는 사람에게 티켓을 줄 거야.	
whichever	anything that	~하는 것은 어떤 것이든
	You can have **whichever** you want. 네가 원하는 어느 것이든 가질 수 있어.	

	anything that	~하는 것은 무엇이든
whatever	I'll love **whatever** you do. 네가 뭘 하든 난 좋아할 거야.	

❺ 전치사 + 관계대명사

1) 전치사 + 관계대명사

선행사가 관계대명사절의 목적어가 될 때 전치사가 필요한 경우가 있어요.
예를 들어, 아래 두 문장을 관계대명사를 이용하여 하나로 묶어보면,

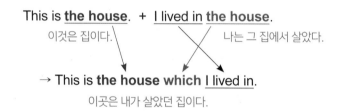

위와 같은 문장이 만들어집니다.

이때 I lived in 부분의 전치사 in은 문장의 형태가 위와 같이 바뀌더라도 반드시 있어야 하는 단어입니다. live가 자동사이다 보니 전치사 in의 역할이 여전히 살아있기 때문이지요. 하지만 이 전치사의 위치가 굳이 동사 뒤에만 있어야 하는 것은 아닙니다. 관계대명사 문장에서는 관계대명사 앞으로 옮겨도 괜찮습니다.

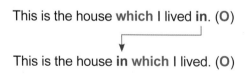

이렇게 전치사의 위치 이동이 가능한 이유는 역시 어순의 습관에서 기인합니다. 전치사 다음에는 전치사의 목적어에 해당하는 명사가 오는 것이 순서인데 아무것도 없으니 왠지 허전하게 느껴지는 것입니다. 그래서 관계대명사 역시 어차피 선행사와 같은 의미(which = the house)를 가진 단어이므로 그 앞에 전치사를 옮겨서 최대한 어순의 습관에 맞추려는 것이지요.

하지만 관계대명사 that의 경우라면 전치사 이동은 불가합니다.

This is the house that I lived in. (O)

This is the house in that I lived. (X)

이렇게 in that 형태의 관계대명사가 불가한 이유는 that이 가지고 있는 여러 가지 의미 때문인데요. 원래부터 쓰지 않았던 습관적인 이유도 있고, 고유의 의미를 가진 접속사 'in that (~이므로, ~라는 점에서)'와의 혼란을 피하기 위함도 있다고 할 수 있습니다.

He was forgiven in that he did his best. (접속사)
그는 최선을 다 했다는 점에서 용서를 받았다.

2) 전치사 + whom

관계대명사 whom은 who로 대체할 수 있어요. 효율성이 중시되는 현대 영어에서 충분히 가능한 일입니다. 하지만 전치사의 목적어라면 이야기는 달라집니다. 목적격 whom을 사용해야 합니다. 이 또한 전치사 다음은 명사가 오고 그것은 전치사의 목적어가 되므로 목적어가 존재하는 단어라면 반드시 지켜야 한다는 어순의 강력한 규칙을 보여주는 것입니다.

I'm looking for a person who(m) I work with.
나는 함께 일할 사람을 구하고 있다.

→ I'm looking for a person with whom I work. (O)

→ I'm looking for a person with who I work. (X)

3) 목적격 관계대명사의 생략

목적격 관계대명사의 경우 생략이 가능합니다. 하지만 관계대명사를 생략할 때는 전치사가 반드시 맨 뒤로 가야합니다.

I bought a toy which I play with.
나는 가지고 놀 장난감을 샀다.

→ I bought a toy (which) I play **with**. (O)

→ I bought a toy **with** (which) I play. (X)

이것 또한 어순의 관점으로 이해할 수 있어요. 전치사 뒤에 차라리 아무것도 없다면 목적어가 생략된 것으로 이해하지만, 전치사 뒤에 'I play'와 같은 '절'이 곧바로 붙어서 오는 것을 그들은 참을 수 없기 때문입니다.

01 I finally bought the watch [which | what] I wanted to have.
나는 내가 갖고 싶었던 시계를 마침내 샀다.

02 I have a charm [that | with] no one notices.
나에겐 아무도 눈치채지 못하는 매력이 있지.

03 You get [that | what] you focus on.
너는 집중한 것을 얻게 된다.

04 Those [who | which] want to be healthy, please cut down on flour.
건강하고 싶은 분들은 밀가루를 줄이세요.

05 The person [who | to whom] I presented the lottery ticket
as a gift won the first prize in the lottery.
내가 선물로 복권을 사 준 사람이 1등에 당첨되었다.

06 Look at the woman and her dog [who | that] are crossing
the street.
길을 건너고 있는 저 여자와 강아지를 한번 보세요.

07 I am so clever that sometimes I do not understand a single
word of [that | what] I am saying. – Oscar Wilde
나는 너무 총명해서 가끔 내가 하는 말을 하나도 이해 못 한다. – 오스카 와일드

answers

1. which   2. that   3. what   4. who   5. to whom   6. that   7. what

08 This is the house [that | of which] I repaired the gate.
이곳은 내가 대문을 수리했던 집이다.

09 There was a queen [who | whose] name was Daenerys.
이름이 Daenerys라는 여왕이 있었지.

10 [What | That] you told me was true.
네가 내게 말해준 것이 사실이었어.

11 [What | That] you told me the truth is important.
네가 내게 진실을 말했다는 것이 중요해.

12 A: That is the same iPhone [which | that] I lost 5 years ago.
이거 내가 5년 전에 잃어버렸던 똑같은 아이폰이야.
B: This is the brand—new iPhone I bought yesterday.
이거 어제 산 완전 신상품인데.

13 The company has thousands of employees, 70 percent
[who | of whom] are women.
그 회사는 수 천명의 직원들이 있는데, 그중 70%가 여성들이다.

14 He was the only one [that | which] was willing to help her.
그는 그녀를 돕고자 했던 유일한 사람이었다.

15 I am not [whom | what] I was.
예전의 내가 아니야.

answers

8. of which **9**. whose **10**. What **11**. That **12**. that **13**. of whom **14**. that **15**. what

Shocking Grammar

16
관계부사

" 이번 장에서는 ─────────────────

01 관계부사란 무엇인가?

02 관계부사의 종류에는 어떤 것들이 있나?

03 복합관계부사의 종류는?

───── 에 대한 궁금증을 쇼킹하게 해결해 드립니다. "

16 관계부사

관계부사가 관계대명사와 다른 점은?

❶ 관계부사

1) 관계부사란?

관계부사는 관계대명사와 마찬가지로 두 개의 문장을 연결해 주는 역할을 합니다. 물론 그 연결고리는 두 문장 사이에 공통으로 들어있는 단어를 이용하며 이를 '선행사'라고 합니다.

It is **a school**. 이것은 학교다.

┗→ 공통된 단어 ◄─┐

I graduated from **the place**. 나는 이곳을 졸업했다.

그리고 관계부사는 '전치사'와 '관계대명사'가 결합된 접속사의 형태로 바꿀 수 있으며 관계부사가 이끄는 문장은 선행사를 꾸미는 형용사절이 됩니다.

where

→ It is **the school from which** I graduated.

선행사 ◄─────── 형용사절

이곳은 내가 졸업한 학교다.

단, 선행사를 생략하고 주절 동사의 목적어로 해석된다면 명사절로 볼 수도 있습니다.

I love **where I graduated**. 난 내가 졸업한 곳을 좋아한다.
명사절 (love의 목적어 역할)

하지만 무엇보다 관계부사절의 특징은 관계부사절의 문장이 완전한 절로 이루어져 있다는 것입니다. 완전하다는 말은 문장의 필수성분이 포함되어 있다는 뜻입니다. 다시 말해, 관계부사 다음의 문장은 단독으로도 온전한 문장인 점을 꼭 기억하세요.

I was happy when **we were allowed not to wear masks anymore.**
나는 우리가 더 이상 마스크를 쓰지 않아도 될 때 행복했다.

→ 온전한 문장 ←

I know the reason why **she was upset.**
나는 그녀가 왜 화가 났는지 이유를 알고 있다.

2) 관계부사의 선행사

관계부사는 두 문장 사이의 공통된 단어인 선행사가 속하는 대표 단어를 선행사로 사용할 수도 있고, 그 대표 단어에 해당하는 관계부사를 사용하기도 합니다.

구분	선행사	대표 단어	관계부사
장소	place, city, town, street,…	the place	where
시간	time, day, month, year, season,…	the time	when
이유	the reason	the reason	why
방법	(the way)	(the way)	how

※ 선행사 the way는 관계부사 how와 함께 사용할 수 없어요.

그중에서도 일반적으로 많이 사용하는 the place, the time, the reason 등의 선행사는 생략할 수도 있어요.

He wanted to know **(the reason)** why he was fired.
그는 자신이 왜 해고 되었는지 알고 싶어했다.

This is **(the place)** where I was born.

여기가 내가 태어난 곳이야.

반면에, 선행사만 남기고 관계부사를 생략할 수도 있어요.

I still remember the day **(when)** I was elected president.

난 아직도 내가 대표로 선출되던 날을 기억하고 있어.

The place **(where)** I was born is gone.

내가 태어난 곳이 사라졌어.

❷ 관계부사의 종류

관계부사절은 장소, 시간, 이유, 방법을 나타냅니다. 하나씩 알아보도록 하지요.

관계부사: **where** | **when** | **why** | **how**

1) Where

선행사가 장소를 의미할 때 관계부사는 where을 사용합니다.

I remember the town. 나는 그 동네를 기억한다.

+ We met in the place. 우리는 그 동네에서 만났다.

I remember the town where we met.

난 우리가 만났던 동네를 기억한다.

이 문장은 '전치사 + 관계대명사'의 구조로 바꿀 수 있어요.

→ I remember **the town in which** we met.

전치사 + 관계대명사

전치사를 뒤로 보낼 수도 있어요.

I remember **the town which** we met **in**.

예문에서 알 수 있듯 관계대명사절은 선행사 the town을 꾸며주는 형용사 역할을 하고 있지요.

우리가 만났던 그 동네
I remember **the town** which we met in.
형용사절로서 선행사 수식

관계부사를 '전치사 + 관계대명사' 구조로 바꿀 때, 동사와 선행사의 관계에 따라 전치사 부분이 달라집니다. 아래의 문장은 buy의 행위가 발생한 구체적인 장소를 콕 찍어서 표현하고자 했기 때문에 전치사 at을 사용하였습니다.

The place <u>where</u> Mike bought the cap was Macy's.

Mike가 모자를 산 곳은 Macy's 였다.

→ **The place <u>at which</u>** Mike bought the cap was Macy's.

2) When

선행사가 시간을 의미할 때 관계부사는 when을 사용합니다.

I'll never forget **the day when** we were together.
(= on which)

우리가 함께 했던 날을 절대 잊지 못할 거야.

관계부사를 '전치사 + 관계대명사'로 바꿀 경우, 선행사가 위 예문처럼 the day라면 on which로 바꿀 수 있어요. 선행사에 따라 전치사가 달라지기도 합니다.

March is **the month in which** flowers bloom.
3월은 꽃이 피는 달이다.

There was **a moment** at which
I fell for you.
당신에게 반한 순간이 있었어요.

3) Why

선행사가 이유를 나타낼 때 관계부사는 why를 사용합니다.

She doesn't know **the reason** why they broke up.
그들이 헤어진 이유를 그녀는 모른다.

There is no **reason** why I care about you.
내가 너를 아끼는 데에는 이유가 없다.

4) How

선행사가 방법을 나타낼 때 관계부사는 how를 사용합니다.

Tell me **how** you made it.
네가 어떻게 해 냈는지 말해줘.

위 문장은 방법을 의미하는 선행사 the way가 생략되어 있는 문장입니다. 하지만 the way 와 how는 둘 다 부사적 의미가 중복되기 때문에 둘 중 하나만 사용해야 합니다.

→ Tell me **the way** how you made it. (**X**)
↳ 중복 안됨 ◄

종속절의 문장이 불완전한 문장이라면 관계부사절이 아니라 관계대명사절이므로 how를 사용할 수 없으니 주의해야 합니다.

Tell me **how** you used. (**X**) 니가 어떻게 사용했다를(?) 말해줘.
↳ S+V(타동사): 목적어가 없는 불완전한 문장

Shocking Tip!

관계부사와 관계대명사 구별

관계부사와 관계대명사를 쉽게 구별하는 방법은 종속절의 문장이 완전한 구조인지 그 여부만 파악하면 된다.

I know (the reason) why <u>she is angry.</u> (관계부사)
SVC구조의 완전한 문장
→ 위 관계부사의 선행사는 생략 가능.

I know the reason that <u>you want to know.</u> (관계대명사)
know의 목적어가 빠진 불완전한 문장
→ 위 관계대명사의 선행사는 know의 목적어이므로 생략할 수 없다.

❸ 복합관계부사의 종류

관계부사 뒤에 ever를 붙인 것을 '복합관계부사'라고 합니다. wherever, whenever, however 세 가지가 있으며 why + ever는 존재하지 않습니다.
복합관계부사는 시간과 장소의 부사절과 양보의 부사절을 나타내기 위해 사용합니다.

1) wherever

① 장소부사절을 이끌면 '어디든지'의 의미입니다.

Your shadow follows you <u>**wherever**</u> you go.
↳ to any place where (어디든지)

너의 그림자는 니가 가는 곳은 어디든지 따라다닌다.

② 양보부사절을 이끌면 '어디서 ~(동사)하더라도'의 의미입니다.

↱ No matter where (어디서 ~하더라도)
<u>**Wherever**</u> their concert is held,
it will be sold out.

그들의 콘서트가 어디서 열린다 하더라도,
그것은 매진이 될 것이다.

2) whenever

① 시간부사절을 이끌면 '언제든지, ~(동사)할 때마다'의 의미입니다.

I think of you **whenever** I hear this song.
↳ at any time when (~할 때마다)

이 노래를 들을 때마다 나는 너를 생각해.

② 양보부사절을 이끌면 '언제 ~(동사)하더라도'의 의미입니다.

Whenever he may apologize, it will be too late.
↳ No matter when (언제 ~하더라도)

그가 언제든 사과한다고 해도, 그것은 아마 늦을 것이다.

3) however

However는 뒤에 형용사나 부사를 붙여서 '아무리 ~하더라도'의 의미를 가진 양보부사절을 만듭니다.

However good Seoul is, it is not as good as my hometown.
↳ No matter how (아무리 ~하더라도)

서울이 아무리 좋다고 해도 내 고향만큼 좋지는 않다.

복합관계부사를 정리해 보면 아래와 같습니다.

복합관계부사	시간/장소부사절	양보부사절
wherever	어디든지	어디서 ~(동사)하더라도
whenever	언제든지, ~(동사)할 때마다	언제 ~(동사)하더라도
however	X	아무리 ~하더라도

01 Life is better [when | that] you're laughing.
인생은 웃을 때 더 좋다.

02 Why do they call it rush hour [because | when] nothing moves?
아무것도 움직이지 않는데 왜 러시아워라고 하지?

03 Good things take time. It's the reason [because | why] I'm always late.
좋은 일은 시간이 걸려. 그게 내가 항상 지각하는 이유야.

04 Tell me [how | that] you solved the problem.
그 문제를 어떻게 풀었는지 좀 알려줘.

05 No matter [what | how] rich you are, you cannot buy love.
당신이 아무리 부자라고 해도 돈으로 사랑을 살 수는 없다.

06 Is this the company [of which | where] you work?
이 회사가 네가 일하는 곳이야?

07 That's [how | what] life is like.
인생이 그런 거야.

answers

1. when   **2.** when   **3.** why   **4.** how   **5.** how   **6.** where   **7.** what

08 I remember the day [on which | on that] I went to the
movie with her.
나는 그녀와 함께 영화를 보러 갔던 날을 기억한다.

09 The reason [why | cause] the nostrils are facing downward
is to prevent rain from entering.
콧구멍이 아래쪽을 향하고 있는 이유는 비가 들어가는 것을 막기 위함이다.

10 I was embarrassed to see the way [how | X] they lived.
나는 그들이 살아가는 방식을 보고는 당황했다.

11 He returned permanently to Switzerland [wherever | where]
he was born.
그는 그가 태어났던 스위스로 영구 귀국했다.

12 It is generally considered unwise to give a child [whatever | whoever]
he or she wants.
애들이 원하는 대로 모든 걸 주는 것은 대개 현명하지 못한 행동으로 여겨진다.

13 [During | Whenever] I watch Netflix, I turn on English subtitles.
나는 Netflix를 볼 때 마다, 영어 자막을 켠다.

14 I will protect you [where | wherever] you go.
네가 어디를 가든 내가 지켜줄 거야.

answers

8. on which   **9**. why   **10**. X   **11**. where   **12**. whatever   **13**. Whenever   **14**. wherever

17

가정법

17 가정법

왜 가정법 과거라고 할까?

❶ 가정법에서 꼭 알아야 할 개념

1] 가정법의 정의

가정법은 '현실과 반대되는 일을 상상하거나, 일어날 가능성이 희박한 일을 표현할 때 사용하는 문장 규칙'을 말합니다. 주로 if 접속사를 사용하여 표현하지요.

'만약 ~(명사 또는 형용사)라면', '만약 ~(동사)한다면'으로 해석이 되는 가정의 상황을 만들게 되는데 이 부분을 if절이라고 합니다. 그리고 그 가정의 결과를 나타내는 부분이 주절이 됩니다.

<u>If I **were** rich,</u> <u>I **would buy** you a diamond ring.</u>
　　　if절　　　　　　　　　　　주절

내가 부자라면 너에게 다이아몬드 반지를 사줄 텐데.

위 예문은 '현실의 나는 부자가 아니라서 다이아몬드 반지를 사 줄 형편이 못된다'는 것을 전제로 하고 있습니다.

2] 왜 가정법 과거라고 할까?

If 가정법은 가정법 과거, 과거완료 뿐만 아니라 가정법 현재, 미래도 있답니다. 그런데 현재 사실에 대한 반대의 상상을 표현할 때는 가정법 과거를 사용합니다. '현재 사실의 반대'를 묘사하는데 왜 '가정법 과거'라고 할까요? 우선 그것은, if절에 과거형 동사를 사용하기 때문입니다. 하지만 문제는 '현재 사실'을 이야기 하는데 왜 과거형 동사를 쓰냐는 것이지요. 가정법은 무조건 기계적으로 법칙을 외우기만 해서는 안됩니다. 왜 가정법 과거라고 하는지 그 이유를 알아야만 가정법 전반을 쉽게 이해할 수 있답니다. 가정법은 반드시 시제에 대한 이해를 바탕으로 이해하고 받아들여야만 앞으로 쉽고 편안하게 사용할 수 있습니다.

3) 가정법과 시제

'시제'는 영어로 tense라고 합니다. '긴장'이라는 의미도 포함하고 있지요. 앞서 [제8장 시제]편에서 설명한 바와 같이 시제와 긴장의 관계는 현재 시점이 가장 높지요.

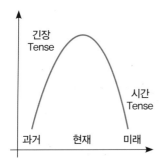

그래프에서 보듯 과거형 동사를 의도적으로 사용함으로써 표현의 긴장도를 낮출 수가 있어요. 이를 바꾸어 말하자면 과거형 동사를 사용하면 현재가 아닌 것이 됩니다. 즉, 현재의 이야기라 할 지라도 과거형 동사를 의도적으로 사용할 경우 '현재'로부터 벗어나는 것, 즉, 비현실의 영역으로 분위기를 바꿀 수 있다는 것이지요.

이것은 현실과 반대되는 상황이나, 지극히 낮은 확률로 발생하는 상황을 묘사할 때 가장 널리 사용하는 표현 방법이며, 우리말로는 '가정법 과거'라는 명칭으로 쓰이고 있지요. 정리하자면, 현재 사실과 반대되는 이야기를 할 때는 과거형 동사를, 과거 사실과 반대되는 이야기를 할 때는 과거완료형(대과거와 동일한 형태이므로)을 사용하는 이유가 바로 여기에 있습니다.

> "의도적으로 시제를 바꿈으로써 긴장도를 낮추고
> 비현실적인 느낌을 주는 것"이 가정법의 핵심.

Shocking Tip!

의도적으로 바꾼다면서 왜 미래형은 안 쓸까?

"어차피 현재를 벗어나는 것이 가정법이라면 미래형은 왜 안돼?"

현재 사실에 반대되는 가정을 할 때 미래 동사를 쓰지 않고 과거 동사를 쓰는 이유는

첫째, 무엇보다 과거형이 더 짧기 때문이다.

둘째, 과거는 이미 끝난 느낌인데 반해 미래는 아직 실현 가능성이 남아 있음. 그러므로 과거형 쪽의 긴장도가 더 낮아 확실한 가정에 더 부합하기 때문이다.

❷ if 가정법의 종류

1) 가정법 과거

가정법 과거는 현재 사실에 반대되는 상상, 매우 낮은 확률의 상황을 묘사할 때 사용하는 방법입니다. 그 문법적 규칙은 아래와 같습니다.

If 절 : If + 주어 + 과거형 동사,

주절 : 주어 + 과거형 조동사 + 동사원형

위 규칙을 이용한 가정법 과거 문장입니다.

┌▶ 동사의 과거형을 사용
If I **were** a fish, I **could sleep** under water.

내가 만약 물고기라면 물 속에서 잘 수 있을 텐데.

내가 물고기가 될 가능성은 없지요. 듣는 사람도 전혀 긴장감을 느낄 수 없는 '가정'의 상황입니다. 애초에 그런 느낌을 주기 위해 과거형 동사를 사용하는 것입니다. be동사의 경우 주어가 '나(I)'이므로 동사 'am'의 과거형은 'was'를 써야 하지만 단순 과거와의 차별성을 두면서 가정법이라는 특수한 상황임을 나타내기 위해 특별히 'were'를 사용합니다. 하지만 명분이 약해서인지 원어민들은 실생활에서 were과 was를 혼용하고 있어요. 하지만, 문법상의 원칙은 be동사일 경우 인칭과 관련없이 were를 사용합니다.

다음 문장 역시 '가정법 과거' 문장입니다.

If I **won** the lottery, I **would buy**
a convertible.

내가 만약 복권에 당첨된다면, 컨버터블 자동차를
하나 살 텐데.

이번에는 복권 당첨의 상황입니다. 물고기가 되는 것 정도로 불가능한 상황은 아니지만 여전히 매우 낮은 확률입니다. 그렇기 때문에 이러한 경우에도 가정법을 사용해서 표현할 수 있지요.

그렇다면 다음 문장은 어떻게 봐야 할까요?

If I win the lottery, I will buy a convertible.
내가 복권에 당첨되면, 컨버터블 자동차를 하나 살 거야.

위 문장은 동사를 현재형으로 바꾼 것입니다. 어떤가요? 현재형 동사를 사용한 만큼 긴장도가 급등합니다. 왜 이렇게 표현을 할까요? 긴장도가 올라간 만큼 현실에 가까워졌기 때문입니다. 복권의 번호가 거의 다 맞아 가는 중이거나 돼지꿈을 꾼 다음 복권 당첨이 당장에 처한 현실임을 표현하는 순간이기 때문입니다.

그래서 위 문장의 형태는 '**가정법 현재**'입니다. 동사의 시제가 현재이기 때문이지요. 가정법 현재는 가능성의 기준으로 본다면 매우 높은 실현 확률을 가진 현재의 상황을 묘사하는 문장의 형태입니다. 그렇기 때문에 '가정법 현재'를 가능성의 기준이 아닌 단순한 조건의 상황으로 보아 '직설적 조건문'으로 표현하기도 합니다. 보다 확실한 '직설적 조건문'은 다음과 같은 예문입니다.

If the package is outside, I will bring it to you.
만약 소포가 밖에 있으면 가져다 드릴게요.

소포가 밖에 있을 수도 있고 없을 수도 있지만 이는 단순히 내가 가져올 지, 아닐 지에 대한 상황의 조건일 뿐입니다. 그래서 이러한 '직설적 조건문'은 '가정법 현재'와 '형태'는 같지만 맥락으로 구분할 수는 있지요. 그렇다고 두 가지의 경우를 굳이 일일이 분별해서 이해할 필요는 없습니다.

2) 가정법 과거완료

'가정법 과거완료'는 과거 사실에 반대되는 상상을 하거나, 매우 낮은 확률의 상황을 묘사할 때 사용하는 방법입니다. 가정법 과거에 비해 if절과 주절의 시간대가 더 이전의 과거로 이동하기 때문에 '대과거'가 됩니다. 그 문법적 규칙은 아래와 같습니다.

If 절 : If + 주어 + had p.p. (과거완료),
주절 : 주어 + 과거형 조동사 + have p.p.

If you had taken medicine, you would have gotten better.
네가 약을 먹었더라면 나아졌을 텐데.

과거에 약을 먹지 않았기 때문에 낫지 않았다는 내용으로서 과거 사실에 반대되는 서술을 하고 있지요.

아래와 같이 if절에 be동사의 경우는 가정법 과거완료의 문장에서 had been으로 표시합니다.

If the weather had been fine,
we would have gone on a picnic.
날씨가 좋았더라면 우리는 소풍을 갔을 텐데.

If절과 주절의 위치가 뒤바뀌어도 의미는 같아요.

I would have been disappointed if you had chosen the other.
당신이 다른 쪽을 선택했다면 나는 실망했을 거야.

위의 경우 if가 접속사 역할을 하기 때문에 앞에 콤마를 넣어서는 안돼요.

3) 혼합 가정법

가정법 과거와 가정법 과거완료를 섞으면 '혼합 가정법'입니다.

"과거에 어떠했더라면 지금 이러할 텐데…"

이와 같이 혼합 가정법은 과거의 행동이 현재의 결과에 영향을 미치는 시차를 기반으로 합니다.

If 절 : If + 주어 + had p.p. (과거완료)
주절 : 주어 + 과거형 조동사 + 동사원형

If절은 가정법 과거완료의 if절과 같으며, 주절은 가정법 과거의 주절과 같은 형태입니다.

If I **had bought** Google stock, I **would be** rich now.
had p.p.   과거형 조동사 + 동사원형

내가 구글 주식을 사두었더라면, 난 지금 부자일 텐데.

❸ wish 가정법

wish 가정법은 현실과 다른 상황을 소망하거나, 이뤄지기 힘든 소원을 말할 때 사용하는 표현이지요. '～라면 좋을 텐데'라는 의미로 해석합니다.

wish 가정법에서 중요한 것은 wish 부분의 시제가 소망하는 마음을 가진 시점을 나타내며, 소망의 내용 부분은 '가정법의 문장 규칙'과 마찬가지로 현재일 경우 과거동사를, 과거일 경우 과거완료형을 사용합니다.

1) wish 가정법 과거

I **wish** I **could see** you in person.

너를 직접 볼 수 있다면 좋을 텐데.

위 문장은 지금 현재 '너의 얼굴을 직접 보지 못하는 안타까움'을 나타내고 있습니다. 보고 싶은 마음도 현재이고 보지 못하고 있는 상황도 현재 시점입니다. could see처럼 과거형 동사를 사용하는 이유는 마찬가지로 가정법의 시제 개념 때문이랍니다.

2) wish 가정법 과거완료

I **wish** I **had seen** you in person.

너를 직접 볼 수 있었더라면 좋을 텐데.

위 문장은 '너의 얼굴을 직접 보지 못했던 사실'에 대해 지금 안타까워하고 있음을 나타내고 있습니다. wish가 현재형이기 때문이지요. 그렇기 때문에 위 내용을 다른 말로 표현하자면 다음과 같아요.

→ I'm sorry that I **didn't see** you in person.

너를 (전에) 직접 보지 못한 게 아쉽다.

안타까워했다는 사실 또한 과거의 일임을 나타내고자 한다면 이렇게 표현합니다.

I wished I had seen you in person.

너를 (전에) 직접 볼 수 있었더라면 (그 당시에) 좋았었을 텐데.

→ **I was sorry that I didn't see you in person.**

너를 (전에) 직접 보지 못해서 (그 당시에) 아쉬웠었어.

3) wish 와 hope

wish와 hope는 둘 다 소망한다는 의미의 동사이지만 의미상의 차이가 있어요.

Wish	Hope
I wish he were my brother.	**I hope he is my brother.**
그가 내 동생이었으면 좋겠는데...	그가 내 동생이면 좋겠어.
동생이 아니라는 현실을 전제로 함	아직 확인은 안됐지만 그가 내 남동생이 맞을 수도 있는 희망을 내포

❹ as if 가정법

as if 가정법 역시 현재 사실에 반대되는 상황을 가정하여 표현할 때 사용합니다. '**마치 ~인 것 처럼**'이라는 의미로 해석합니다.

as if절의 동사 또한 '가정법의 문장 규칙'대로 현재일 경우 과거 동사를, 과거일 경우 과거 완료형을 사용합니다.

1) as if 가정법 과거

He acts as if he were a boss.

그는 마치 자기가 사장인 것처럼 행동한다.

그는 현재 사장이 아님에도 불구하고 마치 현재 사장인 것처럼 늘 행동하고 있다는 의미입니다. 중요한 것은 현재 이야기라는 것입니다.

2) as if 가정법 과거완료

He acts as if he had been a boss.

그는 마치 자기가 사장이었던 것처럼 행동한다.

그는 과거에 사장이 아니었음에도 불구하고 과거 한때 사장이었던 것처럼 늘 행동하고 있다는 의미입니다.

주절의 동사가 과거라면 어떻게 될까요?

He acted as if he were a boss.

그는 (행동을 한 과거 당시에) 자기가 사장인 것처럼 (과거에) 행동을 했다.

He acted as if he had been a boss.

그는 (과거보다 더 이전에) 자기가 사장이었던 것처럼 (과거에) 행동을 했다.

위 예문에서 알 수 있듯 as if 가정법 과거완료는 과거 사실의 반대 상황을 가정하는 표현 방식입니다. as if는 as though로 바꾸어 쓸 수 있어요. 가능성을 기준으로 의미상의 차이가 아예 없지는 않으나 둘의 차이는 신경 쓰지 않아도 될 정도입니다. 그런 가능성의 어감 때문에 as if(though)는 현재형 동사를 써서 단순 조건문으로 사용할 수도 있어요. I wish 구문과 대비되는 부분이지요.

He acts as if he is a doctor.

그는 마치 자기가 의사인 것처럼 행동을 한다.

즉, 위 문장은 그가 의사일 가능성도 배제할 수 없다는 어감이 들어있다는 것입니다.

❺ if 없는 가정법

영어는 경제성의 원칙을 추구하는 대표적인 서구 언어입니다. 대명사와 생략을 통해 문장의 길이를 줄이려 애쓰고 있지요. 가정법에서도 마찬가지입니다. 두 글자 밖에 안되는 if라도 줄일 수 있다면 줄이나 봅니다. If가 없는 가정법이 있어요.

Were I a candidate, I **would** only make realistic pledges.

만약 내가 후보자라면 실현 가능한 공약만 할 텐데.

1) if 없는 가정법 만들기

① **if 삭제**: **If** I were a candidate → **If** I were a candidate

삭제

② **주어 동사 도치**: <u>Were I</u> a candidate

V   S

If를 없애고 주어 동사를 도치시켜 간단히 만들 수 있습니다. 이때 가정법 동사를 그대로 쓰는 것이 중요합니다.

만약 위 문장을 주어에 맞추어 수정했을 경우,

'Was I a candidate'는 '내가 후보자였나?' 라는 의문문으로 해석될 여지도 있으니까요.

'Were I' 로 시작하는 것 자체가 이미 if가 생략된 가정법임을 나타내고 있어요.

2) 생략 가능 동사

If절의 동사가 were, should, had p.p.일 때 if를 생략하고 주어와 동사를 도치할 수 있어요.

Were he tired, he would go to bed.

피곤하다면 그는 자려고 할 텐데.

Should it rain, I would stay at home.

비가 온다면 난 집에 있을 텐데.

Had I **seen** him, I would have talked to him.

만일 내가 그를 봤다면 말을 걸었을 텐데.

01 If I [win | won] the award for laziness, I would send
somebody to pick it up for me.
만약 내가 게으름으로 상을 탄다면, 나는 누군가를 대신 보내서 상을 받을 거야.

02 A: What [if | were] the earth were to get bigger?
지구가 더 커지면 어떻게 될까?
B: It would take longer to get home.
집에 가는 데 더 오래 걸리겠지.

03 If I had saved a dollar every time I thought of you,
I [am | would be] a millionaire now.
내가 너 생각할 때마다 1달러씩 저축 했더라면, 지금 백만장자가 되었을 텐데.

04 If she [tries | will try] harder next time, she will be able to
pass the exam.
만약 그녀가 다음에 더 열심히 한다면, 그녀는 그 시험에 통과할 수 있을 거야.

05 If she [leaves | left] today, she will get there by Thursday.
만약 그녀가 오늘 떠난다면 목요일까지는 도착할 텐데.

06 The chimpanzee acts [if | as if] he were a human being.
그 침팬지는 마치 자기가 사람인 것처럼 행동하고 있다.

answers

1. won   **2.** if   **3.** would be   **4.** tries   **5.** leaves   **6.** as if

07 If the flower had been watered in time, it [wouldn't die | is dead] now.
만약 이 꽃들에게 물을 제때 잘 주었더라면, 지금 죽지는 않을 텐데.

08 He is smiling [as though | if] he already knows something.
그는 뭔가 이미 알고 있다는 듯 미소를 짓고 있어.

09 It would be great if this medicine [doesn't | didn't] have
any side effects.
이 약이 부작용만 없다면 정말 좋을 텐데.

10 [If | Had] it not been for her help, I wouldn't have succeeded.
그녀의 도움이 없었더라면 나는 성공하지 못했을 것이다.

11 A: [If | Were] I prettier, I would be happier.
내가 좀 더 예쁘다면 더 행복할 텐데.
B: So would I.
나도

12 I [hope | wish] I were a camel, I'd never be thirsty.
내가 낙타였으면 좋겠어, 절대 목이 마르지 않을 텐데.

13 [If | Should] it snow, I would make a snowman.
눈이 온다면 눈사람을 만들 텐데.

---

answers

7. wouldn't die　**8**. as though　**9**. didn't　**10**. Had　**11**. Were　**12**. wish　**13**. Should

18
화법

18 화법

뭐라고 했는지 그대로 말해줘!

❶ 일치의 중요성

모국어를 배우는 과정은 부모의 말을 따라하는 것에서 시작하지만 어느 정도 수준에 도달하게 되면 창의적인 조합을 통하여 스스로 문장을 만들어 내게 되지요. 이 단계에서는 우리말이든 영어든 서툰 부분이 종종 드러나게 되는데 바로 일치의 문제라 할 수 있습니다.

영어의 기초가 얼마나 탄탄한지 보여주는 부분도 바로 일치의 정확성이라 할 수 있어요. 영어의 일치는 '인칭, 시제, 수' 이처럼 세 가지 영역으로 나눌 수 있는데 기본적으로 꼭 지켜야할 중요한 부분이랍니다.

1) 인칭 & 동사 일치

우리말은 주어가 무엇이든 뒤에 오는 동사의 형태에 인칭이 영향을 미치지 않습니다. 반면에 영어는 인칭에 따라 동사의 형태가 다르지요. be동사의 경우는 인칭마다 각각 다르고, 일반동사는 3인칭 단수의 경우 현재동사 뒤에 s를 붙여야 하지요.

인칭별로 단수 주어와 짝이 되는 동사의 형태 일람표입니다.

	I [1인칭]		You [2인칭]		He, She [3인칭]	
	현재	과거	현재	과거	현재	과거
be동사	am	was	are	were	is	was
do동사	do	did	do	did	does	did
have동사	have	had	have	had	has	had
일반동사	play	played	play	played	plays	played

일람표의 내용은 대부분의 학습자들이 잘 알고 있는 기본적인 영문법 규칙이지만 주어와 동사가 떨어져 있는 문장에서 종종 실수를 범하는 수가 많으므로 항상 주의해야 합니다.

특히, 상관접속사의 주어–동사 일치는 일부러 익혀 두지 않으면 혼돈되기 쉬운 파트입니다. [제14장 접속사]편에서 다루긴 했지만 상관접속사의 주어와 동사의 일치는 매우 중요하므로 본 장에서 다시 한번 숙지해 보시길 바랍니다.

⌐► am

Either you or **I are** supposed to leave.

→ 동사 불일치 (are → am으로 교체)

너랑 나 둘 중에 한 명은 떠나게 되어 있어.

상관접속사 Either A or B는 B에 동사를 일치시킵니다.

A   B ↓

Either **you** or **I am** 너와 나 둘 중에 하나

A   B ↓

Either **I** or **you are**

상관접속사의 '주어–동사 일치'를 보여주는 표입니다.

either A or B	A나 B중의 하나	(**B**에 일치)
	Either you or **she is** the suspect. 너 아니면 그녀, 둘 중 한 사람이 용의자야.	
neither A nor B	A도 아니고 B도 아닌	(**B**에 일치)
	Neither you nor **I am** weak. 너나 나나 둘 다 약하지 않아.	
both A and B	A와 B 둘 다	(복수 취급 **are**)
	Both **you** and **I are** still young. 너와 나 둘 다 아직 젊어.	
not only A but also B	A뿐만 아니라 B도	(**B**에 일치)
	Not only you but also **I was** surprised. 너만 아니라 나도 놀랐어.	
B as well as A	A뿐만 아니라 B도	(**B**에 일치)
	I as well as you **was** surprised. 너만 아니라 나도 놀랐어.	

2) 시제 일치

$\rightarrow$ was

I **said** that I ~~am~~ busy doing my homework.
→ 시제 불일치 (am을 was로 교체)

나는 내가 숙제하느라 바쁘다고 말을 했다.

주절의 동사가 과거일 때, 종속절의 동사는 과거 혹은 과거완료여야 합니다. 물론 주절의 동사가 현재라면 종속절 동사의 시제는 자유롭게 올 수 있어요.

단, 주절의 동사가 과거라 해도 종속절의 내용이 당연한 상식이나 불변의 진리를 담고 있다면 현재시제로 표현할 수 있음에 유의하세요.

① 불변의 진리

I **learned** that the earth **revolves** around the sun.
항상 현재시제 (불변의 진리)

나는 지구가 태양 주위를 공전한다고 배웠다.

지구가 공전하는 것은 불변의 법칙이며 자연의 원리입니다. 이러한 사실은 과거나 현재, 미래에도 변치 않을 진리이기 때문에 특정한 시제를 표현하지 않고 항상 현재형으로 표기합니다. 주절의 시제가 아무리 과거라 해도 구애 받지 않아요.

② 반복적 습관

Jack **said** that he **goes** to his office every day.
Jack은 매일 사무실에 출근한다고 말했다.

반복적인 습관 역시 항상 현재형으로 표시합니다. 늘 하는 일이기 때문이지요.

③ 격언 & 속담

She **taught** me that knowledge **is** power.
아는 것이 힘이라고 그녀가 내게 가르쳐 주었다.

시대를 관통하는 진리인 격언이나 속담 역시 항상 현재형으로 표시합니다.

현재의 습관, 과학적 사실, 격언이나 속담, 불변의 진리 등은
항상 현재시제를 사용한다.

3) 수 일치

영어에서 수 개념은 대단히 엄격합니다. 사과 한 개를 사든 열 개를 사든 우리는 '사과를
샀다'고 하지만 영어는 반드시 단·복수를 구별합니다.

The owner of the cars ~~are~~ my uncle. ➤ is
→ 주어의 수 불일치 (are를 is로 교체)

그 자동차들의 주인은 내 삼촌이다.

4) 기타 일치

① 대명사 일치

영어는 주어의 인칭에 따라 대명사의 격을 일치시켜 주어야 합니다.

➤ his
Mr. Don is on ~~her~~ way home.
→ 대명사 불일치 (her를 his로 교체)

Don씨는 집에 오는 길이다.

Mr. Don은 남자이기 때문에 남성형 소유격 his가 옳은 표현입니다. 동물이나 사물은 단수
일 경우 it으로 표현하고 성별이 쉽게 파악되지 않는 아기들 또한 it으로 표현하기도 합니다.

② 명사구 & 명사절

명사구나 명사절은 아무리 여러 가지 내용을 담고 있다고 해도 하나의 덩어리로 보기 때
문에 항상 단수 취급을 합니다.

To read as many books as possible is the key to success.
가능한한 많은 책을 읽는 것이 성공의 열쇠다.

What I ordered was a cup of coffee.

내가 주문한 것은 한 잔의 커피였다.

③ **every & each**

every는 '모두', each는 '각각'의 뜻으로, 분명히 하나가 아닌 복수를 의미하는 단어임에도 불구하고 단수로 취급합니다. 하나로 본다는 뜻이지요.

Everyone has a secret.

모두가 비밀을 가지고 있다.

Each teacher has his own teaching skills.

각 선생님마다 자신만의 교수법을 가지고 있다.

④ **하나의 단위로 보이는 것**

복수의 형태를 가지고 있지만 하나의 단위로 볼 수 있는 것은 단수 취급합니다.

Ten years is not a short time.

10년은 짧은 시간이 아니다. (10년이라는 시간을 하나의 단위로 인식)

학문의 명칭도 복수의 형태이지만 단수 취급합니다.

Mathematics is fundamental to all fields.

수학은 모든 분야에 기본이다.

두 가지 이상의 것들이 포함되어 있지만 단수 취급하는 경우가 있습니다. 사실상 여러 가지가 하나의 개체를 이루는 것이지요.

A piece of bread and butter is good enough.

버터 바른 빵 한 조각이면 충분하다.

That white and black dog looks cute.

저기 하얗고 검은 무늬의 개가 귀여워 보인다.

❷ 직접&간접화법 전환

1) 직접화법 & 간접화법

다른 사람의 말을 그대로 전달하는 것을 직접화법이라고 하며 인용부호를 써서 표현합니다.

Jack said, "I am looking at my paintings."

Jack이 말했다. "난 내 그림들을 보고 있는 중이야." **(직접화법)**

다른 사람의 말을 객관화하여 자신의 말로 풀어서 전달하는 방법을 간접화법이라고 합니다. 위의 문장은 다음과 같이 간접화법으로 바꿀 수 있어요.

Jack said that he was looking at his paintings.

Jack은 자신의 그림들을 보고 있는 중이라고 말했다. **(간접화법)**

위와 같이 인용부호의 말을 풀어서 나의 말투로 전달하는 것이 바로 간접화법입니다.

2) 화법 전환의 방법

　　　　　　① 　　　　② 　　　　　　　⑤
직접 Suji **said to** me, **"Stop** bothering **me!"**.

그녀가 내게 말했다. "그만 좀 귀찮게 해!"

　　　　　　① 　　　　③ 　　　　　　　⑤
간접 Suji **told** me **to stop** bothering **her**.

그녀는 자기를 그만 귀찮게 하라고 내게 말했다.

① say to는 간접화법에서 **tell**로 바꾸고,

② " " 인용부호를 없애고

③ 명령문의 경우 동사는 **to부정사**로 바꿉니다.

④ 간접화법 내의 목적어 및 소유관계를 잘 파악해서 필요한 부분들을 바꿉니다.

⑤ 위 문장에서는 Suji의 말을 그대로 전달할 때는 목적어가 '나(me)'이지만, 내가 내용을 풀어서 전달하는 간접화법 내에서는 '그녀(her)'가 됩니다.

3] 화법 전환 시 주의사항

간접화법에서는 간접적으로 말을 전달하는 것이기 때문에 바꿔야 할 말들은 다 바꿔야 제대로 전달할 수 있습니다. 심지어 이런 말까지 바꿔야 하나 싶은 것들도 있으니 미리 익혀두어야 합니다.

직접화법 ◀▶ 간접화법		직접화법 ◀▶ 간접화법	
say to	tell	now	then
this	that	today	that day
these	those	yesterday	the day before
here	there	tomorrow	the next day

직접화법의 의문문을 간접화법으로 바꿀 때에는 시제의 일치도 맞추어야 하고, 질문의 형태에 알맞은 동사, 접속사, 의문사 등을 잘 판단하여 선택합니다.

Tim은 말했다, "나 도서관에서 너 봤어."

직접 Tim <u>said,</u> "<u>I saw you</u> in the library."

간접 Tim <u>**said that he had seen me**</u> in the library.

Tim은 그가 도서관에서 나를 보았었다고 말했다.

위 예문은 직접화법의 시제가 과거(said)인 문장입니다. 그 문장의 내용 또한 과거 동사(saw)이므로 간접화법에서는 더 이전의 시제인 과거완료가 되어야 올바른 시제 일치가 완성됩니다. 즉, Tim이 말한 것보다 나를 도서관에서 본 것이 더 이전의 과거 일이기 때문이지요.

그녀는 내게 말했다, "너 오늘 한가하니?"

직접 She <u>said to</u> me, "<u>Are you</u> free <u>today</u>?"

간접 She <u>**asked**</u> me <u>**if I was**</u> free <u>**that day**</u>.

그녀는 내가 그날 한가한지 (아닌지) 내게 물었다.

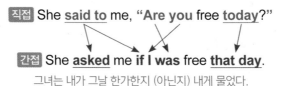

질문의 내용은 내가 한가한지 아닌지를 묻는 것이므로 간접화법에서 ask if를 사용하게 되면 보다 자연스러운 문장을 만들 수 있습니다.

01 There [is | are] some water in the jar.
병에 물이 조금 있다.

02 Not only Bolt but also I [am | are] fast. I'm only 10
seconds behind him in the 100-meter dash.
Bolt뿐만 아니라 나도 빠르다. 100미터에 그와 10초 밖에 차이가 안 난다.

03 Either you or she [is | are] going to have the golden comb
made of real plastic.
너 아니면 그녀가 진짜 플라스틱으로 만든 황금 빗을 갖게 될 거야.

04 A: It's unfair to be punished for something they didn't do.
자기가 하지도 않은 일로 벌을 받는 것은 온당치 못하다.
B: I [didn't do | did not] my homework, sir.
저 숙제 안 했는데요, 선생님.

05 Both you and me [is | are] the right people for the job.
너와 나 두 사람 모두 그 일에 적임자들이다.

06 Everyone but Bill [has | have] an iPhone.
Bill만 빼고 모두가 아이폰을 가지고 있다.

07 Jack as well as the kids [was | were] able to solve the quiz.
그 꼬마들뿐만 아니라 Jack도 그 퀴즈를 풀 수 있었다.

answers

1. is   **2.** am   **3.** is   **4.** didn't do   **5.** are   **6.** has   **7.** was

08 We are sorry that neither Jim nor Jack [is | are] the right person
we're looking for.
Jim과 Jack 두 사람 모두 우리가 찾는 적임자가 아니어서 유감입니다.

09 The price of all those cars [is | are] beyond imagination.
저 모든 자동차들의 가격은 상상을 초월한다.

10 Ukraine [is | was] attacked by Russia in 2022.
2022년도에 우크라이나는 러시아에게 공격을 당했다.

11 Selling 20 cars in four weeks [is | are] what you have to
do from now on.
4주 동안 20대의 자동차를 판매하는 것이 지금부터 당신이 해야 할 일입니다.

12 A hundred years [is | are] never a short time.
백 년은 결코 짧은 시간이 아니다.

13 Someone asked me what time it was [now | then].
누군가 내게 지금 몇 시냐고 물었다.

14 She said to me, "Will you come to my house tomorrow?"
그녀가 내게 말했다. "내일 우리집에 올 거야?"
위 문장을 정확한 간접화법으로 바꾼 것은?
① She told me if I would come to my house tomorrow.
② She asked me if I would come to her house tomorrow.
③ She asked me if I would go to her house the next day.

answers

8. is   **9.** is   **10.** was   **11.** is   **12.** is   **13.** then   **14.** ③

19

비교

 비교

다양한 비교의 방법들을 비교해 보아요.

❶ 비교급의 개념

1) 비교급이란?

사물이나 동작의 상태를 묘사할 때 사용하는 품사를 형용사라고 하지요? 그 상태의 정도를 좀 더 구체적으로 묘사해 주는 것은 부사입니다. 부사는 동사를 수식하기도 하지요. 즉, 이런 묘사의 과정에서 두 개 이상의 어떤 대상들을 비교해야 할 때, 그들이 가진 성질이나 상태의 정도를 비교하여 표시하는 것, 이것이 비교급이며, 품사 중에서는 오직 형용사와 부사만이 그 대상이 됩니다. 비교급에는 **원급, 비교급, 최상급**이 있습니다.

2) 원급이란?

원급은 형용사 및 부사의 원래 형태를 의미합니다. 원급을 이용하면 비교 대상의 정도가 같은 수준임을 표현할 수 있어요. 이때 **'as + 원급**(형용사 또는 부사) **+ as'**의 형태를 이용합니다.

Julio is **as brilliant as** Jack. (형용사의 원급 비교)
Julio는 Jack만큼이나 똑똑하다.

Alice studies **as hard as** Alex. (부사의 원급 비교)
Alice는 Alex만큼이나 열심히 공부한다.

❷ 비교급 만드는 법

1) 비교급 단어 만들기

비교급 단어를 만드는 것은 간단합니다. 형용사나 부사 단어 뒤에 -er을 붙입니다.

형용사	부사
smart → smarter 영리한 → 더 영리한	hard → harder 강하게 → 더 강하게
young → younger 젊은 → 더 젊은	fast → faster 빨리 → 더 빨리
cool → cooler 시원한 → 더 시원한	soon → sooner 금방 → 더 금방
happy → happier 행복한 → 더 행복한	early → earlier 일찍 → 더 일찍
y로 끝나는 경우, y를 i로 바꾼 다음 -er을 붙임	
hot → hotter 뜨거운 → 더 뜨거운	well → **better** 잘 → 더 잘
단모음 단자음으로 끝나는 경우 끝자음 하나를 더한 다음 -er을 붙임	형태는 달라도 의미가 밀접한 단어를 사용하기도 함

2음절 이상의 비교적 긴 단어의 비교급은 기본형의 단어 앞에 more를 붙여서 비교급임을 표시합니다.

more beautiful (**O**)
기본형 사용

beautiful

beautifuler (**X**)
3음절의 단어엔 -er 불가

expensive 비싼 → **more** expensive 더 비싼

interesting 흥미로운 → **more** interesting 더 흥미로운

2) 비교급 문장 만들기

비교급 문장을 만들 때에는 비교 대상 앞에 than을 사용합니다.

She is slimmer than I (am).

그녀는 나보다 더 날씬하다.

이때, 비교의 두 대상은 서로 격이 같아야 하므로 문법상으로는 She is에 맞대응하는 I am 을 than 다음에 사용하는 것이 원칙입니다. 여기서 am은 생략이 가능합니다. 그리고 위 예문처럼 than 다음에 인칭대명사가 오는 경우에는 I am 대신 목적격 me를 사용해도 무방합니다. me가 가능한 이유는 than이 전치사이기 때문입니다. 뒤에 나오는 단어가 목적 격이다 보니 자연스럽게 느껴지기 때문이지요.

She is slimmer than me. (O)

위 비교급 형용사를 더욱 강조할 수도 있어요. 비교급을 강조하는 데 사용하는 강조 부사 는 따로 정해져 있답니다. **much, even, still, far, a lot** 등이 있어요.

She is much slimmer than me.

그녀는 나보다 훨씬 더 날씬하다.

원급의 형용사를 강조하는 대표적인 부사 very를 비교급에서는 사용하지 않도록 주의해 야 합니다.

She is ~~very~~ slimmer than me. (X)

3) to를 사용하는 비교급

① prefer 동사

prefer (선호하다)는 비교 대상 앞에 than을 쓰지 않고 to를 사용하는 동사입니다.

I prefer coffee **to** water.

난 물보다 커피가 더 좋아.

② 라틴어 계열의 단어

단어의 어미가 -or로 끝나는 라틴어 계열의 형용사는 비교급을 나타낼 때 전치사 than을 사용하지 않고 to를 사용합니다.

Are humans always superior to animals?

인간은 항상 동물보다 우월할까?

이런 종류의 단어들에는 다음과 같은 것들이 있어요.

비교급에 to를 사용하는 라틴어 계열의 단어들	
superior to 보다 우월한	**inferior to** 보다 열등한
senior to 보다 고위의	**junior to** 보다 하위의
major to 보다 주요한	**minor to** 보다 미미한
exterior to 보다 바깥쪽의	**interior to** 보다 안쪽의
prior to 보다 우선하는	**posterior to** 보다 뒤의

Shocking Tip!

비교급 강조 부사는 차이가 없을까?

비교급 강조 부사 much, even, still, far, a lot 이들 사이에 서로 의미상의 차이는 없을까?
당연히 있다.
much는 어떤 것이 다른 것들 보다 현저하게 나을 때 사용하며 일반적으로 가장 많이 쓰는 강조 부사이고, even은 비교 대상들이 다 좋은데도 불구하고 심지어 그중에서도 더 좋은 것을 골라서 표현할 때 사용한다. still은 비교 대상이 달라졌거나 시간 등의 환경이 바뀌었어도 여전히 처음 선택했던 것이 더 좋다는 의미를 담고 있다. far는 '훨씬', a lot은 '더 많이'의 뜻이니 그대로 사용하면 된다.
재미있는 사실은 일상 영어에서는 위에 나열한 다섯 가지 부사들 보다 구어체 표현인 way를 훨씬 더 많이 사용하고 있다는 것!

❸ 최상급 표현 만들기

1) 최상급 단어 만들기

비교 대상이 셋 이상의 사물이나 사람인 경우 그중 최고의 것을 표현할 때 그것을 최상급이라고 합니다. 최상급 단어는 형용사나 부사 뒤에 일반적으로 -est를 붙이면 됩니다. 이때 단어 앞에는 the를 붙여 줍니다. 그리고 2음절 이상의 단어 앞에는 most를 붙여서 최상급을 표현합니다.

It is **the funniest** movie I have ever seen.

이것은 내가 지금까지 본 것 중에 가장 웃긴 영화다.

Money is <u>**the most important**</u> thing to him.

3음절 단어이기 때문에 the most를 사용

돈이 그에게 가장 중요하다.

형용사	부사
dumb → dumbest 멍청한 → 가장 멍청한	
old → oldest 오랜 → 가장 오래된	high → highest 높게 → 가장 높게
good → best 좋은 → 최고의	well → best 잘 → 제일
pretty → prettiest 예쁜 → 가장 예쁜	fast → fastest 빨리 → 가장 빨리
y로 끝나는 경우, y를 i로 바꾼 다음 -est를 붙임	most → 2음절 이상의 형용사나 가장 부사의 최상급을 표현
hot → hottest 뜨거운 → 가장 뜨거운	
단모음 단자음으로 끝나는 경우 끝자음 하나를 더한 다음 -est를 붙임	

2) 최상급 문장 만들기

비교 대상이 셋 이상의 사물이나 사람인 경우 그중 최고의 것을 표현하는 방법에는 크게
두 가지가 있습니다. 우선 최상급 단어를 사용하는 것이지요.

Alice is **the tallest** girl in her school.

Alice는 학교에서 제일 키가 크다.

다음은, 비교급을 이용하여 최상급의 의미를 나타내는 방법입니다.

Alice is **taller than any other girl** in her school.

Alice는 학교에서 어떤 여자애보다 키가 크다. (제일 크다는 뜻)

Alice is **taller than all the other girls** in her school.

Alice는 학교에서 다른 모든 여자애들보다 키가 크다. (제일 크다는 뜻)

Alice is **taller than anyone else** in her school.

Alice는 학교에서 다른 누구보다 키가 크다. (제일 크다는 뜻)

위 문장을 아래와 같이 주어를 바꾸어 표현할 수도 있어요.

No other girl is **taller than Alice** in her school.

어떤 여자애도 학교에서 Alice보다 키가 더 크지 않다. (Alice가 제일 크다는 뜻)

정리해 보자면, 비교급을 이용한 최상급 표현은 다음과 같아요.

비교급 than + any other 단수명사
비교급 than + all the other 복수명사
비교급 than + anyone else

3) 최상급 the 생략

다음과 같은 경우에 the를 생략할 수 있어요.

① 최상급 뒤에서 명사를 생략했을 때(비교할 대상 없이 주어에만 최상급 해당)

This computer has been **most** helpful (computer) to me.
이 컴퓨터는 나에게 가장 도움이 되었다.

② 동일한 대상을 자체 비교할 때

This river is **deepest** at this point.
이 강은 여기가 가장 깊다.

③ 부사의 최상급을 나타낼 때

He runs **fastest** of all.
그는 전체에서 가장 빨리 달린다.

❹ 더 알아야 할 사항들

1) the 비교급, the 비교급 문장

'the + 비교급' 구문을 이용하여 아래와 같은 형태의 문장을 만들 수 있어요. '~하면 할수록, 더욱 ~하다'로 해석이 됩니다.

The more you have, **the more** you want.
더 많이 가질수록 더 많이 원한다.

The deeper you go down, **the harder** it is to breathe.
더 깊이 내려갈수록 더 숨쉬기 힘들어진다.

The brighter, the better.
밝을수록 더 좋다.

2) 불규칙 비교급

비교급에서도 불규칙하게 변하는 형태를 가진 단어들이 있어요.

원급 – 비교급 – 최상급	원급 – 비교급 – 최상급
good → better → best 좋은 → 더 좋은 → 가장 좋은	many → more → most 많은 → 더 많은 → 최대의
little → less → least 적은 → 더 적은 → 가장 적은	bad → worse → worst 나쁜 → 더 나쁜 → 최악의
late → latter → last (순서) 늦은 → 후자의 → 마지막의	far → farther → farthest (거리) 먼 → 더 먼 → 가장 먼
late → later → latest (시간) 늦은 → 나중의 → 최신의	far → further → furthest (정도) 먼 → 더 나아간 → 가장 먼

3) 비교 대상 일치

비교하는 대상끼리는 격이 맞아야 합니다. 다른 품사끼리 비교해서는 안 됩니다. 검정색과 단맛을 놓고 둘을 비교할 수는 없지요. 심지어 같은 명사 상당어구라 해도 명사는 명사끼리, 부정사는 부정사끼리, 동명사는 동명사끼리 격을 맞춰야 합니다.

> 아는 체 하기
> ~~To Pretend~~ to know is worse than **being** silent.
> ↳ Pretending (O)
>
> 아는 체하는 것은 침묵하는 것보다 나쁘다.

위 문장에서 to pretend와 pretending은 같은 의미이긴 하지만 그것의 비교 대상이 being silent이기 때문에 동명사 pretending이 되어야 합니다. being을 to be로 바꾸는 경우도 생각해 볼 수 있지만 앞에 전치사 than이 있기 때문에 좀 더 명사의 어감을 가지고 있는 동명사 being이 더 자연스럽습니다.

비교 대상이 동사원형이라면 than 다음이라도 동사원형을 사용합니다.

> I would rather **sleep** than **see** the movie.
> seeing (X)
>
> 영화보는 것보다 차라리 자고 싶어.

비교 대상이 '**명사 of 명사**'의 형태라면 반복해서 등장하는 명사는 원대상의 명사에 따라 달라집니다. 원대상의 명사가 단수라면 that을, 복수라면 those를 사용합니다.

The **size** of the boat is much bigger **than that** of the car.
= size

이 보트의 크기가 자동차의 그것(크기)보다 훨씬 크다.

The **days** of February are fewer **than those** of other months.
= days

2월의 일수는 다른 달들의 그것들(일수)보다 적다.

01 Light travels [more fast | faster] than sound.
빛은 소리보다 더 빨리 이동한다.

02 Laughter is the [cheapest | most cheap] medicine.
웃음은 가장 저렴한 약이다.

03 He is funnier than any other [boy | boys] in his class.
그는 반에서 남자아이들 중에 가장 재미있다.

04 She is smarter than all the other [child | children] in her
school.
그녀는 학교에서 아이들 중에 가장 똑똑하다.

05 Which do you like [best | better], cookies or doughnuts?
쿠키와 도넛 중에 어느 쪽이 더 좋아?

06 Uranus is [very | much] larger than Earth.
천왕성은 지구보다 훨씬 더 크다.

07 He who laughs last has the [fewer | least] understanding.
맨 마지막에 웃는 자가 이해력이 가장 딸린다.

08 With great power comes a [great | greater] electricity bill.
강한 힘에는 더 큰 전기세가 따라온다.

answers

1. faster **2.** cheapest **3.** boy **4.** children **5.** better **6.** much **7.** least **8.** greater

09 There's nothing [better | at all] than spending an entire
day watching movies with a load of popcorn.
팝콘 한가득과 함께 하루 종일 영화를 보는 것보다 더 좋은 것은 없다.

10 I prefer [to stay | staying] at home rather than go out.
밖에 나가느니 차라리 집에 있을래.

11 He doesn't work [harder than | as hard as] his colleagues.
그는 동료들만큼 열심히 일하지 않는다.

12 Most of the company's colleagues are senior [than | to] me.
회사의 동료들은 대부분 나보다 선배들이다.

13 The faster you drive, the [more narrow | narrower] the view becomes.
빨리 달리면 달릴수록 시야는 더욱 좁아진다.

14 [To hide | Hiding] the truth is as bad as telling a lie.
진실을 숨기는 것은 거짓을 말하는 것만큼이나 나쁘다.

15 The mental age of women at a certain age seems much
higher than [that | those] of men.
특정 연령대의 여자의 정신연령은 남자보다 훨씬 더 높은 것처럼 보인다.

16 The brains of pigs are more developed than [that | those] of dogs.
돼지의 두뇌는 개의 두뇌보다 더 발달되어 있다.

answers

9. better **10**. to stay **11**. as hard as **12**. to **13**. narrower **14**. Hiding **15**. that **16**. those

20

특수구문

⑳ 특수구문

큰 소리 내지 않고 강조하는 법!

강하고 확실한 의사표현을 위해 생겨난 문법 규칙이 있어요. **'강조'**라고 하는 특수구문이지요. 말을 하다 보면, 문장 내에서 어떤 특정한 단어를 강조하고 싶거나, 의미를 강력하게 전달하고 싶을 때가 있는데, 이를 위한 별도의 규칙이 마련되어 있답니다.

그런데 왜 강조는 '특수구문'이라고 할까요?

그것은, 하나의 단문에 동사 2개는 동시에 사용할 수가 없고, 주어 다음에 동사의 어순으로 서술한다는 그런 영어의 기본적인 규칙에서 '강조'의 규칙은 벗어나 있기 때문입니다. 특히, 어순의 법칙을 벗어난다는 것은 대단히 특수한 상황임을 보여주는 것이지요. 그 외에도 언어의 경제성을 위해 의도적으로 생략하는 등 이를 위한 여러 가지 특수한 방법들이 존재합니다. 그 방법들에도 나름의 규칙이 있는데 그 규칙들에 준해 만드는 문장들 역시 **특수구문**이라고 합니다. 여기에는 **강조, 도치, 생략, 삽입, 동격** 등이 있습니다. 명칭은 특수구문이지만 몇 가지 규칙만 익히게 되면 구사하기에 어렵지는 않아요. 정확한 구사를 위해 시제, 인칭, 수에 대한 일치는 특수구문에서도 중요합니다.

> 주요 특수구문: 강조, 도치, 생략, 삽입, 동격

❶ 특정한 부분을 강조하는 방법

1) 강조구문 (It is ~ that …)

> 평서문 I bought a cap online yesterday.
> 나는 어제 인터넷으로 모자를 샀다.

위 문장의 각각의 요소들에 대해 보다 강조하는 표현을 아래와 같이 만들 수 있어요.

> 주어 강조 It was I that bought a cap online yesterday.
> 어제 인터넷으로 모자를 산 사람은 **바로 나**였다.

목적어 강조 It was <u>a cap</u> that I bought online yesterday.

내가 어제 인터넷으로 산 것은 **바로 모자**였다.

부사 강조 It was <u>online</u> that I bought a cap yesterday.

내가 어제 모자를 산 곳은 **바로 인터넷**이었다.

부사 강조 It was <u>yesterday</u> that I bought a cap online.

내가 인터넷으로 모자를 산 날은 **바로 어제**였다.

강조의 대상이 되는 부분은 It is(was)와 that 사이의 내용입니다. 여기에 들어갈 수 있는 요소는 <mark>주어, 목적어, 부사 등 독립적인 요소들이며 '동사'는 포함되지 않습니다.</mark> 즉, 동사는 강조할 수 없다는 것이지요.

동사는 불가
It was ~~bought~~ that I a cap online yesterday. (**X**)

강조하는 대상이 사람일 경우 that 대신 who를 사용할 수 있어요.
대상이 사물이라면 which를 사용해도 됩니다.

사람
It was <u>Jack who</u> drank soy sauce
thinking it was coffee.
커피인줄 알고 간장을 마신 사람은 Jack이었다.

사물
It was <u>wasabi which</u> he thought was green tea ice cream.
그가 녹차 아이스크림이라고 생각했던 것은 와사비였다.

단어뿐만 아니라 구나 절도 강조할 수 있어요.

부사절
It was <u>when I was sitting on the toilet</u> that I found there was no toilet paper.
화장실에 휴지가 없다는 걸 안 것은 내가 화장실에 앉아있을 때였다.

2) 동사를 강조할 땐 do

그렇다면 동사를 강조하고 싶을 땐 어떻게 해야 할까요? do동사를 사용하면 됩니다.

do동사는 일반동사 평서문의 앞에 붙여서 의문문을 만들거나, 일반동사의 부정형을 만드는 조동사의 역할을 하기도 하지요.

그런데 이처럼 동사를 강조하는 데에도 사용합니다.

do는 동사 앞에 위치하며, 조동사처럼 인칭과 시제의 영향을 혼자 감당해냅니다. 그렇기 때문에 뒤에 나오는 동사는 당연히 동사원형을 사용하게 되지요.

I **took** medicine. 약 먹었어.

↓

→ I **did take** medicine. 진짜 약 먹었다고!

위 문장의 took는 do동사가 did로 이미 과거형 시제 적용을 받았기 때문에 원형인 take를 써야 합니다.

She **looks** wonderful. 그녀는 멋져 보여.

↓

→ She **does look** wonderful. 그녀는 정말 멋져 보여.

위 문장의 looks는 do동사가 does로 이미 3인칭 단수 현재 시제 적용을 받았기 때문에 원형인 look을 써야 합니다.

그리고 명령문은 어차피 강압적으로 요구하는 문장의 형태이지만, 앞에 do를 사용하여 강조하면 더욱 강압적으로 들리게 됩니다.

Be quiet! 조용히 해! (명령문)
→ **Do be** quiet! 반드시 조용히 해야 해! (명령문 강조)

다음은 It~that 강조구문을 사용하지 않고도 명사를 강조할 수 있는 또 하나의 방법입니다.

3) 명사를 꼭 집어서 강조하는 very

That is **the very car** that I recommended.
저것이 제가 추천해 드렸던 **바로 그** 자동차예요.

very는 형용사나 다른 부사를 강조하며 수식하는 부사이지요. 명사를 수식하면 기본 규칙과 어긋나게 됩니다. 하지만 그 강조의 뉘앙스만 살려서 부사가 명사를 수식하는 것처럼 보이는 특수한 상황을 위 예문은 보여주고 있지요. 여기서 the very는 부사가 아닌 한정사로서 car를 지칭하는 역할을 합니다. '바로 그-'라고 해석을 하면 자연스럽습니다.

4) 기타 강조의 용도로 사용되는 부사들

What <u>on earth</u> are you talking about?

도대체 무슨 말을 하는 거야?

She didn'<u>t</u> look at me <u>at all</u>. (not ~ at all)

그녀는 나를 전혀 쳐다보지 않았다.

☞ 구어체 표현
He finished the race <u>way</u> ahead of me.

그는 나보다 **훨씬** 앞서 경기를 마쳤다.

위 문장 속의 on earth, not ~ at all, way 등은 그들이 가지고 있는 의미에서 기대되는 역할과는 달리 문장 내에서 강조의 역할만을 담당하고 있어요.

Shocking Tip!

'It is~that… 강조' vs '가주어-진주어'

'It is ~ that… 강조구문'과 '가주어-진주어' 구문은 그 형태가 서로 비슷하지만 다음의 방법으로 구분이 가능하다.

It was <u>Jack</u> that <u>wrote the book</u>. 그 책을 쓴 건 바로 Jack이었다.

→ <u>Jack</u> <u>wrote the book</u>. Jack이 그 책을 썼다.

위 문장은 강조의 기능을 담당하는 틀인 It was와 that을 생략했을 때에도 어순이 정상적이다. 이러한 경우가 강조구문이다.

반면에 가주어-진주어 구문은 틀을 생략하게 되면 어순이 무너진다. 이런 문장이 바로 가주어-진주어 구문.

It is <u>true</u> that <u>Jack wrote the book</u>. Jack이 그 책을 쓴 것은 사실이다.

→ <u>true</u> <u>Jack wrote the book</u>. (비문)

❷ 도치: 주어와 동사의 순서가 바뀌다

도치는 일반적인 어순의 규칙에서 벗어난 단어의 배치를 의미합니다. 우리말은 조사가 있어 단어들을 섞어 놓아도 의미의 변화가 없지요. 반면에, 대표적인 어순의 언어라고 할 수 있는 영어에 있어서 도치는 그 자체로 확실한 목적과 기능을 가지고 있으므로 그 역할은 매우 중요합니다. 그런 특정한 목적과 기능을 위해 주어와 동사의 위치가 뒤바뀐 상태를 '도치'라고 합니다.

1) 의문문을 위한 도치

be동사의 평서문은 주어 앞으로 동사가 도치되면, 즉, 주어와 동사가 서로 자리만 바꾸면 간단하게 의문문이 만들어져요.

They are teachers.

Are they teachers?

2) 장소부사가 앞으로 오면 도치

① **A car is** there.

② **There is a car**.

예문 ①의 there는 장소를 나타내는 부사이고, 장소를 나타내는 부사가 앞으로 오면, 뒤에 있는 주어 동사가 도치됩니다. 예문 ②, ③과 같은 순서가 된다는 것이죠.

③ <u>On the hill</u> **<u>stands</u>** <u>a tall tree</u>. 언덕 위에 높은 나무가 서 있다.
　　장소 부사구　　동사　　　주어

there의 경우엔 일반적으로 예문 ①과 같이 말을 하는 경우는 드물고 주로 예문 ②의 형태로 말을 합니다. there가 구체적인 정보를 가진 장소부사의 느낌이 들지 않기 때문에 문두에 온다고 해도 주어로 느껴지지 않지요. 실제로도 주어는 a car입니다.

그래서 there로 시작하는 문장의 there는 '유도부사'라 합니다. 유도부사라는 것은 '말을 유도하는 역할의 부사'인데 별도로 해석은 하지 않아요. 대표적으로 here, there가 있습니다. 위 예문들은 there 뒤에 도치가 일어나는 현상을 설명하기 위해 장소부사의 사례를 근거로 든 것입니다. 하지만 이런 경우라 할지라도, 뒤에 오는 주어가 대명사인 경우는 도치가 일어나지 않습니다.

대명사: There **you are**. Here **it is**. (도치 없음)

보통명사: There **is an apple**. Here **comes a bus**. (도치)

3) if 생략과 도치

가정법 문장에서 if를 생략하면 도치가 일어납니다.

단, if절의 동사가 be동사나 had p.p., should인 경우에 해당해요.

If **I were** an adult, I would live alone.

Were I an adult, I would live alone.

내가 만일 성인이라면 혼자 살 텐데.

If **I had been** interested in math, I could have scored better.

Had I been interested in math, I could have scored better.

내가 수학에 관심이 있었더라면 좀 더 나은 점수를 받았을 텐데.

If **it should** rain tomorrow, the festival will be canceled.

Should it rain tomorrow, the festival will be canceled.

내일 비가 온다면 축제는 취소될 것입니다.

4) 부정어 도치

강조를 위해 부정어가 문두에 오면 도치가 일어납니다.

Never **has there been** such a disaster in the town.

이 마을에 여지껏 이런 불행은 없었어요.

Little **did I dream** that I could be a champion.

제가 챔피언이 될 거라곤 꿈도 꿔 본적이 없어요.

5) so, nor, neither 구문의 주어 동사 도치

You are a Korean. So am I.
당신은 한국인이죠. 나도 그래요.

참고로 "So I am."처럼 도치가 아닌 제대로 된 어순일 경우 의미가 달라지는데, '나는 정말 그렇다'라는 뜻의 강조구문이 됩니다.

Jenny didn't pass the exam, nor did Jack.
Jenny는 시험에 통과하지 못했어. Jack도 그래.

She hasn't been to Egypt, neither have I.
그녀는 이집트에 가 본 적이 없다. 나도 그렇다.

6) 주어 동사 외 다른 도치

도치는 주어 동사 사이에만 일어나는 게 아니랍니다. 강조를 위해 목적어나 보어가 앞으로 나오기도 합니다. 이 또한 영어의 기본적인 어순에서 벗어나는 도치를 내세워 강조의 의미가 있음을 어필하는 것이지요. 사실 어떤 종류의 도치라 해도 어순의 변경은 주의를 환기시키기 때문에 문장 내에 중요한 메시지가 있음을 예상할 수 있답니다.

목적어 도치   S   V   S   V
The more **money** you have, **the greater** your greed is.
돈을 더 많이 가질수록 탐욕은 더 커진다.

위 문장에서 money는 목적어이지만 the more 비교급 구문에서는 주어 앞에 위치합니다.

보어 도치   S   V
How **interesting** the movie is!
정말 재미있는 영화야!

목적어 도치   S   V

What <u>a wonderful idea</u> you have!

정말 멋진 생각이야!

위 두 문장은 감탄문 구조에서의 보어와 목적어가 주어 앞에 위치하고 있음을 보여 줍니다. 역시 강조를 위한 어순 비틀기라고 할 수 있지요.

---

❸ 그 외 특수한 구문들(생략, 삽입, 동격)

1) 생략 구문

영어는 경제성을 중요시하는 언어라고 했지요? 생략은 반복을 피하기 위한 방법이기 때문에 대단히 많이 활용되는 규칙이라 할 수 있어요. 생략이라는 것은 삭제와 달라서, 보이지 않아도 유추할 수 있게끔 다른 한쪽이 남아있거나 또는 <mark>충분히 유추할 수 있는 어떤 대상이 존재한다는 것을 전제</mark>로 합니다. 즉, 생략된 부분과 같은 부분이 문장 속, 혹은 이전 문장 내에 존재한다는 것이지요. 그리고 생략은 주어, 동사, 목적어, 부사 가리지 않고 문장의 모든 성분을 대상으로 합니다.

주어 생략

I came early here and **(I)** will leave before sunset.

난 여기 일찍 왔는데 해가 지기 전에 떠날 거야.

동사 생략

Jack bought a pen and Jane **(bought)** some vegetables.

Jack은 펜을 샀고 Jane은 채소 몇 가지를 샀다.

명사 생략

My score isn't as good as Harry's **(score)**.

나의 성적은 Harry의 성적만큼 좋지는 않다.

주어 동사 생략

When **(I was)** a student, I used to stay up
all night studying.

내가 학생일 때는 공부하느라 밤을 새우곤 했었지.

A: Would you come to the party tonight?

오늘밤 파티에 올 거야?

대부정사   동사구 생략

B: Yes, I'd love to (come to Jack's party).

그럼, 가야지.

※ 대부정사: 동일한 내용의 to부정사 반복을 피하기 위해 to만 쓰는 것

2] 삽입 구문

문장 내에서 자연스러운 흐름을 위해 관용구나 부사(구)를 삽입하는 경우가 있어요. 강조나 확인을 위해 동일한 의미를 가진 다른 표현으로 부연 설명을 삽입하는 경우도 있어요.

It was, **definitely**, my fault. (부사 삽입)

그것은, **정말이지**, 내 잘못이야.

Mt. Everest is, **to be exact**, 8,848 meters. (부사구 삽입)

에베레스트산은, **정확히 말하자면**, 8848미터이다.

Phil is, **as you already know**, a funny guy. (관용구 삽입)

Phil은, **네가 이미 아는 것처럼**, 재밌는 녀석이야.

There are few, **if any**, people in line. (관용구 삽입)

줄 선 사람들이 **있다 해도**, 얼마 없어.

3] 동격 구문

명사 혹은 대명사를 좀더 부연 설명하기 위해 콤마나 전치사, 접속사 등을 이용하여 명사 상당어구를 덧붙여 표현한 문장을 동격 구문이라고 합니다.

I love **Kimchi**, the traditional Korean food. (콤마 사용)

나는 한국의 전통음식인 김치를 좋아해.

The **news that he was rescued** relieved her. (접속사 that 사용)

그가 구조되었다는 소식은 그녀를 안심시켰다.

01 It is [me | I] who [is | am] responsible.
책임져야 할 사람은 나야.

02 He [do | does] like to go fishing.
그는 낚시하러 가는 것을 정말 좋아한다.

03 I [do | did] see him in the restaurant yesterday.
나 어제 식당에서 정말로 그 사람 봤어.

04 You like classical music. [So do I | So I do].
너 클래식 음악을 좋아하는구나. 나도 그래.

05 Jack: It was a fantastic movie.
Jill: [So was it | So it was].
Jack: 정말 멋진 영화였어.   Jill: 정말 그래.

06 In front of my house [stood a guy | a guy stood].
우리 집 앞에 한 남자가 서 있었다.

07 Here [comes a bus | it comes a bus].
버스 온다.

08 Here [comes she | she comes].
그녀가 온다.

answers

1. I, am   **2.** does   **3.** did   **4.** So do I   **5.** So it was   **6.** stood a guy   **7.** comes a bus   **8.** she comes

09 Jack: Never have [I been | been I] on a diet.

Jill: How come?

Jack: 다이어트해 본 적이 없어.   Jill: 어쩌려고?

10 Jack: I am not handsome, [nor am I | either am I] clever.

Jill: I know.

Jack: 난 잘 생기지도 않았고 똑똑하지도 않아.   Jill: 알아

11 A: Little [did I dream | I dreamed] that I could marry you.

내가 당신과 결혼할 수 있으리라곤 꿈도 못 꿔 봤어요.

B: You are in a dream now.

지금 꿈이야.

12 There are few, [if some | if any], bugs in my room. Sleep over.

내 방엔 벌레가, 있다 해도, 거의 없어. 자고 가.

13 Legends are [he | those] who dip peppers in red pepper paste.

고추를 고추장에 찍어 먹는 사람들이 진짜 전설이다.

14 생략 가능한 부분을 (   )로 표시해 보세요.

When one door closes, another door opens.

하나의 문이 닫히면 다른 문이 열린다.

15 생략 가능한 부분을 (   )로 표시해 보세요.

When I am tired, I usually take a bath.

내가 피곤할 땐, 나는 주로 목욕을 한다.

answers

9. I been   **10.** nor am I   **11.** did I dream   **12.** if any   **13.** those   **14.** door(2번째)   **15.** I am

MEMO

MEMO